Salmos

Serie «Conozca su Biblia»

Salmos

por Francisco García-Treto

Augsburg Fortress

MINNEAPOLIS

SERIE CONOZCA SU BIBLIA: SALMOS

Este volumen es parte de un proyecto conjunto entre la casa editora, la División de Ministerios Congregacionales de la Iglesia Evangélica Luterana (ELCA) y la Asociación para la Educación Teológica Hispana (AETH), Justo L. González, Editor General.
Excepto cuando se indica lo contrario, el texto Bíblico ha sido tomado de la versión Reina-Valera 1995. Copyright © Sociedades Bíblicas en América Latina, 1995. Usado con permiso.

Diseño de la cubierta: Diana Running; Diseño de libro y portada: Element, llc

ISBN 978-0-8066-8020-0

El papel usado en esta publicación satisface los requisitos mínimos de la organización American National Standard for Information Sciences—Permanencia del Papel para Materiales Impresos, ANSI Z329.48-1984.

Producido en Estados Unidos de América.

SERIE CONOZCA SU BIBLIA: SALMOS

This volume developed in cooperation with the Division for Congregational Ministries of the Evangelical Lutheran Church in America, which provided a financial grant, and the Asociación para la Educación Teológica Hispana, Series Editor Justo L. González.
Except when otherwise indicated, scripture quotations are taken from the Reina-Valera 1995 version. Copyright © Sociedades Bíblicas Unidas, 1995. Used by permission.

Cover design: Diana Running; Book design: Element, llc

The paper used in this publication meets the minimum requirements of American National Standard for Information Sciences—Permanence of Paper for Printed Library Materials, ANSI Z329.48-1984.

Manufactured in the U.S.A.

12	11	10	09	08	1	2	3	4	5	6	7	8	9	10

Esta serie

«¿Cómo podré entender, si alguien no me enseña?» (Hechos 8.31). Con estas palabras el etíope le expresa a Felipe una dificultad muy común entre los creyentes. Se nos dice que leamos la Biblia, que la estudiemos, que hagamos de su lectura un hábito diario. Pero se nos dice poco que pueda ayudarnos a leerla, a amarla, a comprenderla. El propósito de esta serie es responder a esa necesidad. No pretendemos decirles a nuestros lectores «lo que la Biblia dice», como si ya entonces no fuese necesario leer la Biblia misma para recibir su mensaje. Al contrario, lo que esperamos lograr es que la Biblia sea más leíble, más inteligible para el creyente típico, de modo que pueda leerla con mayor gusto, comprensión y fidelidad a su mensaje. Como el etíope, nuestro pueblo de habla hispana pide que se le enseñe, que se le explique, que se le invite a pensar y a creer. Y eso es precisamente lo que esta serie busca.

Por ello, nuestra primera advertencia, estimado lector o lectora, es que al leer esta serie tenga usted su Biblia a la mano, que la lea a la par de leer estos libros, para que su mensaje y su poder se le hagan manifiestos. No piense en modo alguno que estos libros substituyen o pretenden substituir al texto sagrado mismo. La meta no es que usted lea estos libros, sino que lea la Biblia con nueva y más profunda comprensión.

Por otra parte, la Biblia —como cualquier texto, situación o acontecimiento— se interpreta siempre dentro de un contexto. La Biblia responde a las preguntas que le hacemos, y esas preguntas dependen en buena medida de quiénes somos, cuáles son nuestras inquietudes, nuestras dificultades, nuestros sueños. Por ello, estos libros escritos en nuestra lengua, por personas que se han formado en nuestra cultura y la conocen. Gracias a Dios, durante los últimos veinte años ha surgido dentro de nuestra

v

comunidad latina todo un cuerpo de eruditos, estudiosos de la Biblia, que no tiene nada que envidiarle a ninguna otra cultura o tradición. Tales son las personas a quienes hemos invitado a escribir para esta serie. Son personas con amplia experiencia pastoral y docente, que escriben para que se les entienda, y no para ofuscar. Son personas que a través de los años han ido descubriendo las dificultades en que algunos creyentes y estudiantes tropiezan al estudiar la Biblia —particularmente los creyentes y estudiantes latinos. Son personas que se han dedicado a buscar modos de superar esas dificultades y de facilitar el aprendizaje. Son personas que escriben, no para mostrar cuánto saben, sino para iluminar el texto sagrado y ayudarnos a todos a seguirlo.

Por tanto, este servidor, así como todos los colegas que colaboran en esta serie, le invitamos a que, junto a nosotros y desde la perspectiva latina que tenemos en común, se acerque usted a estos libros en oración, sabiendo que la oración de fe siempre recibirá respuesta.

Justo L. González
Editor General
Julio de 2005

Contenido

Introducción

Los Salmos como poesía

Los Salmos son poemas. La mayoría son himnos, o cantos litúrgicos, provenientes del culto de Israel. Ya que, por falta de un sistema de notación musical en los tiempos en que se escribieron, la música no se ha conservado, y también por ciertas razones de índole teológica, nos hemos acostumbrado a leer los Salmos (¡en traducción!) como si fueran prosa; y lo que es más, a veces, a desmembrarlos para el uso devocional, como si cada salmo fuera sólo una mina de versículos aislados, y no una obra poética íntegra. El autor de este comentario está convencido de que su obra debe, como primera meta, ayudar al lector de hoy a leer los Salmos como obras literarias poéticas y, a pesar de la distancia histórica y cultural que de estas obras nos separa, y a pesar también de las dificultades muchas veces insuperables que presenta todo intento de traducir la poesía, llevarle así a un punto de partida idóneo para la comprensión devocional o teológica. Luis Alonso Schökel ha dicho, muy acertadamente, que para así poder alcanzar lo que él llama la "apropiación" de los Salmos:

> Hay que comprender los Salmos *como poemas*. No apelamos a una telepatía espiritual que ponga en contacto dos mentes sin mediación verbal. El poema está ahí y es nuestro objeto primario de estudio. En poesía no cuenta lo que sintió, de hecho, el autor, sino su expresión válida; válida principalmente para el lector que la hace suya. En un poema cuenta, ante todo su universo poético, su lenguaje y su organización. (*Salmos* I, 77).

O, como dice en otra ocasión el mismo:

> Los Salmos son poesías religiosas de variable calidad, pertenecen a la literatura de Israel y a la literatura universal. Pueden ser analizados con métodos literarios, según las técnicas acreditadas en cada época; plantean problemas hermenéuticos propios de la palabra poética. (*Treinta Salmos*, 16).

Vale poner bien claro que cuando, en el período posexílico, los Salmos adquirieron el rango de sagrada escritura, su carácter de literatura poética litúrgica perdió énfasis en manos de intérpretes que empezaron a leerlos como si fueran otras cosas —por ejemplo, profecías mesiánicas. Este proceso también se manifiesta entre los autores del Nuevo Testamento. La primera tarea a realizar es la de tratar de esbozar algunos de los elementos característicos de la poesía y, específicamente, de la poesía hebrea bíblica.

Características de la poesía

No es nada fácil definir la poesía. De hecho, hay quien mantiene, y con buenas razones, que no es posible trazar una línea clara y definitiva entre un uso del idioma al que se pueda llamar estrictamente poesía y otro, totalmente distinto, al que podamos llamar estrictamente prosa, ya que los textos de ambos lados de tal línea, sobre todo si intentáramos trazarla entre textos llamados poéticos y textos de prosa formal y elevada —discursos o sermones, por ejemplo— compartirían muchas de las mismas cualidades y utilizarían muchas de las mismas técnicas y estrategias. Por el momento, pues, conformémonos con decir que, sobre todo en una obra como la presente, dirigida a un público amplio y no a una audiencia de eruditos, es mejor presentar algunas de las características literarias que, salvando el gran abismo del idioma, de la cultura y de la historia que nos separa de los Salmos, pueden hacerse accesibles hoy, y ayudar al lector o lectora a «conocer su Biblia» mejor —en este caso, los Salmos— como las obras de arte literario que sus autores concibieron. Muchas de esas características han quedado inaccesibles, hasta para los expertos. Por ejemplo, ya que nadie puede decir hoy que sabe exactamente cómo se pronunciaba —o cómo se cantaba— un poema hebreo en su tiempo de origen, no podemos decir mucho sobre la medida o el ritmo de estas composiciones, lo que no ha impedido que se hayan propuesto un buen número de teorías. Otro ejemplo es que la traducción a otro idioma, en este caso, al castellano, inevitablemente destruye tales elementos cómo la paranomasia, o los juegos de palabras, tan característicos de la literatura poética hebrea. Otras características, más independientes del sonido, se prestan mejor a nuestra tarea. Entre éstas, la más importante es el llamado «paralelismo».

El paralelismo

Puede decirse que el estudio moderno de los Salmos —y de otras obras poéticas del Antiguo Testamento— tuvo su comienzo en el año 1753 con la publicación de una serie de conferencias que dictó el obispo anglicano Robert Lowth, que había sido profesor de poesía en Oxford hasta el 1752. En el capítulo XIX de su libro, *De sacra poesi Hebræorum prælectiones academicæ* (Conferencias sobre la poesía sagrada de los Hebreos), Lowth definió el paralelismo como la característica central de la poesía del Antiguo Testamento y, a pesar de los muchos cambios que se le han hecho a sus conclusiones, la idea permanece firme. En su forma más simple, el paralelismo es la relación de simetría que existe entre las dos (a veces tres) partes de un verso, o entre dos o más versos. Esa simetría se expresa en el campo de la semántica si la segunda parte repite, con otras palabras, el significado de la primera. Un ejemplo es el bien conocido comienzo del salmo 27:

AJehová es mi luz y mi salvación,
B¿de quién temeré?
AJehová es la fortaleza de mi vida,
B¿de quién he de atemorizarme?

Esto es lo que Lowth clasificó como «paralelismo sinónimo» y, en el ejemplo dado, tiene la forma A/B//A/B. También, en versos como el salmo 20: 7 y 8, se encuentran ejemplos de lo que Lowth llamó «paralelismo antitético», es decir, uno en el que las unidades en paralelo dicen lo contrario:

AEstos confían en carros, y aquellos en caballos;
Bmas nosotros del nombre de Jehová, nuestro Dios, haremos memoria.
AEllos flaquean y caen.
Bmas nosotros nos levantamos y resistimos a pie firme.

Lowth también identificó una tercera clase de paralelismo, al que llamó «sintético», es decir, una situación en la que el segundo medio verso «completa» el sentido del primero, como, por ejemplo, el salmo 3:4:

ACon mi voz clamé a Jehová
By él me respondió desde su monte santo.

Por supuesto que ha habido mucha controversia sobre la existencia de esta tercera categoría y sobre otras formas de paralelismo que han sido sugeridas. Pero no es mi intención ofrecer un estudio detallado ni de la obra de Lowth, ni de la influencia de sus ideas en los estudios de la poética hebrea. Baste decir aquí que el paralelismo y otras formas de repetición en todos los niveles del idioma que se usa en la poesía, ya sea el de los sonidos, el vocabulario, la gramática, la sintaxis y la semántica, fueron importantes recursos, característicos del arte poético de los antiguos hebreos y de sus vecinos, y que debemos prestarle atención si queremos captar el arte de estos poemas.

Descubrimientos de la poesía de Canaán

Tenemos una gran ventaja sobre la generación de Lowth, y es que después del siglo XIX se han hecho importantes descubrimientos en los campos de la arqueología, la epigrafía, la filología y la lingüística del antiguo oriente, cosa que nos ha abierto importantes nuevas vistas a las literaturas del Egipto, de los pueblos de Mesopotamia y de Asia Menor y, sobre todo, de la tierra de Canaán. Por esos descubrimientos, y porque lenguas y literaturas previamente olvidadas han vuelto a surgir a la luz, sabemos hoy mucho más que nuestros antepasados recientes sobre la lengua y la literatura del Antiguo Testamento. Sabemos, como Lowth nunca lo supo, por ejemplo, que el paralelismo que él distinguió en la poesía del antiguo Israel existía, también, en la poesía del antiguo Egipto, de la Mesopotamia y de Canaán. El descubrimiento y traducción de las antiguas epopeyas mesopotámicas, como los poemas de Gilgamesh y de la Creación Babilónica (*enuma elish*) desde el siglo XIX revolucionaron el estudio del Antiguo Testamento, sobre todo, del Génesis. El descubrimiento fortuito en el año 1928 de la antigua ciudad cananea de Ugarit en Ras Shamra, hoy en Siria, y de millares de textos en tabletas de barro allí enterradas desde el siglo XII a. C., nos ha dado conocimiento de un idioma semítico —el ugarítico— vinculado con el hebreo, y de una extensa colección de textos mitológicos y poéticos en los cuales podemos hoy leer los «mitos y leyendas de Canaán» —como G. del Olmo Lete tituló su valiosa colección bilingüe de estos textos. Leyendo las historias donde se destacan El, Baal, Anat y Ashera, entre otros dioses y diosas del panteón cananeo, nos damos cuenta de paralelos formales y de puntos de contacto con la poesía de ciertos salmos, de metáforas y de símbolos, así como de los elementos mitológicos mismos —el guerrero divino, la lucha contra el mar caótico, la corte celestial— que tienen en común (véase, por ejemplo, el salmo 29). Hoy sabemos que la poesía religiosa de Israel tuvo raíces que, en algunos casos, se nutrieron en culturas extranjeras o, tal vez, que esas culturas no eran tan foráneas como lo aparentan ciertas tradiciones bíblicas.

Entre los descubrimientos relativamente recientes que han hecho un impacto sobre nuestro conocimiento de los Salmos debemos, finalmente, mencionar los escritos del Mar Muerto. No solamente dan prueba del uso de los salmos del Salterio canónico en la comunidad judía sectaria de Qumran, destruida por los romanos en el siglo primero a. C., sino que nos han dado acceso a una literatura de salmos e himnos no canónicos que demuestran el rico contexto poético y litúrgico en el que se desarrolló el Salterio.

Los Salmos como poesía religiosa

Si nos preguntamos qué son los Salmos y qué función desempeñaban originalmente, la respuesta tiene que ser que la mayor parte fue compuesta para servir fines litúrgicos; es decir, para servicios de adoración. Lo que no podemos decir con seguridad en el caso de la mayoría de los salmos es ni dónde ni cuándo cumplieron sus primeras funciones —si en tiempos del Primer Templo, durante el Exilio, en la época del Segundo Templo o en grupos sectarios de varias índoles en el judaísmo naciente. Volviendo a lo que podemos decir de los Salmos, y usando la mejor evidencia a nuestro alcance, que es la evidencia interna de los poemas mismos, podemos, pues, empezar diciendo que son himnos y oraciones, en el sentido que aprendimos cuando éramos niños en la escuela dominical: «orar es hablar con Dios». Con pocas excepciones (los salmos sapienciales, o el salmo 52, aunque se dirige a Dios en el último verso, por ejemplo), los salmos «hablan con Dios», o instruyen a una congregación a hacerlo, ya en alabanza, ya en súplica.

En el año 1933 fue publicada póstumamente, ya que su autor había muerto en 1932, la *Introducción a los Salmos* del estudioso alemán Hermann Gunkel. El subtítulo de esta obra, «Los géneros literarios de la lírica religiosa de Israel», indica el enfoque con el que Gunkel y sus discípulos —comenzando con Joachim Begrich, a quien Gunkel encargó terminar y publicar la *Introducción*— iniciaron una nueva dirección en el estudio de los Salmos, es decir, el estudio o crítica de las formas o géneros literarios. Haciendo uso de las características internas de forma y contenido de cada salmo, Gunkel los clasificó de acuerdo con sus géneros y subgéneros literarios. Esta clasificación, básicamente, ha durado hasta el presente. Intentó también —aunque no con tanto éxito— relacionar cada género con una situación específica en la práctica litúrgica de Israel.

Entre los géneros principales de los Salmos se encuentran himnos de alabanza, himnos de acción de gracias, tanto individuales como congregacionales, salmos de confianza, quejas o lamentos individuales o congregacionales, salmos reales, salmos sapienciales y otros (Véase la

Introducción a Salmos en la RVR, donde hay una lista un poco más completa). El manual de Gerstenberger es muy útil en su detallada adjudicación de cada salmo a una forma o género, como también lo son los comentarios de Alonso Schökel y de Kraus. (Véase la bibliografía al final del libro).

El Salterio, es decir, el libro de los Salmos, es parte de la tercera división del canon judío del Antiguo Testamento (*TaNaK*), los llamados «escritos» o *ketuvim*. El Talmud Babilónico (siglo quinto a. C.), en el tratado *Baba Bathra*, nos da una de las primeras versiones de la lista de los «escritos», que refleja decisiones hechas hacia el fin del siglo primero por sobrevivientes de la destrucción de Jerusalén por los romanos, en el año 70. En esa lista, los Salmos ya llevan el título de «libro de (los) Salmos (*Sefer tehilim*)» y la obra de redacción se atribuye a David: «David escribió el libro de Salmos, incluyendo en él la obra de los ancianos: Adán, Melquisedec, Abraham, Moisés, Hemán, Jedutún, Asaf y los tres hijos de Coré» (TB, *Baba Bathra* 14b – 15a). La tradición que hace a David el autor de los Salmos es muy antigua, y ya antes de la redacción final que produjo el libro que conocemos debe de haber habido un número de poemas llamados «de David» (véanse los salmos 3–41; 51–72; 108–110; 138–145). Esto no es decir que esos salmos fueron compuestos por David y, si no podemos afirmar definitivamente de ninguno que él fue su autor, sí se puede decir con certeza que hay entre ellos muchos que no pueden haber sido compuestos por David —por ejemplo, el 14 (véase el versículo 7).

¿Quiénes, pues, fueron los autores de los Salmos? La respuesta se encuentra si recordamos que los Salmos son poesía religiosa y que la gran mayoría de estos poemas fueron creados para usos litúrgicos, tanto en el Templo como en las congregaciones judías del período posexílico tardío. Los autores fueron los poetas y cantores que servían en esas congregaciones. Sobre todo, tal vez ya desde tiempos del Primer Templo, los levitas, que en el Segundo Templo sí sabemos que fungieron de músicos y formaron los coros del Templo, jugaron un papel importante en el proceso de composición e interpretación.

Otro grupo que tuvo importancia, sobre todo en el proceso de recopilación y edición que llevó al fin a la producción del libro que hoy tenemos, fue el de los escribas. Entre los salmos, hay algunos que tienen un contenido similar al de obras sapienciales como Proverbios o Eclesiastés, y que pueden haber sido composiciones didácticas, dedicadas a recomendar la vida de estudio de la Torá (por ejemplo, los salmos 1 y 119). Los autores de estas composiciones pueden muy bien haber venido de la clase de escribas que redactaron la colección.

Tradicionalmente, el Salterio está dividido en cinco «libros», o sea 1–41; 42–72; 73–89; 90–106 y 107–150. Cuatro doxologías, al fin de los salmos 41, 72, 89 y 106, sirven de marcas divisorias. Esta división es relativamente tardía —Gerstenberger sugiere que data del siglo cuarto d. C.— y, muy posiblemente, refleja la división de la Torá (el Pentateuco) en cinco libros.

Ya que el libro de los Salmos es una colección de poesía religiosa de géneros diversos, compuesta por numerosos autores, durante un período de siglos en los que el pueblo de Israel sufrió cambios catastróficos en su vida política y religiosa, parece ociosa la pregunta: ¿tiene argumento el libro? En primer lugar, no es una historia o una narración y, en segundo lugar, es una colección de piezas de muy diverso origen y propósito. Sin embargo, hay por lo menos una cosa que tienen en común: la gran mayoría de los salmos nos permite oír una parte de la conversación que Israel llevó a cabo con su Dios. Es una conversación íntima, en la que la voz humana, que es la que oímos, da expresión a una gama amplia de emociones —la admiración y la angustia, la seguridad y el temor. A veces, esa voz humana reprende a Dios por tardarse a responder; pero, en casi todos los casos, la confianza en la fidelidad de Dios es el substrato firme donde se afirma el salmo, y hasta las más adoloridas quejas siempre terminan en un voto de alabanza. Si hay un argumento en el libro es, precisamente, la demostración de esa confianza en el Dios que siempre acompaña a Israel, ya sea por verdes prados, o ya por valles lóbregos.

Cómo usar este comentario

El propósito de este comentario es ayudar al lector de la Biblia, específicamente de la versión de Reina-Valera del 1995, a leer los Salmos. No ha de encontrarse aquí un comentario línea por línea, lo que sobrepasaría con exceso los límites de espacio impuestos a esta serie, ni tampoco una exégesis detallada, ni menos una exposición hermenéutica o teológica. Repito: mi propósito es ayudar al lector o lectora a leer los Salmos. La primera recomendación sobre cómo usar este comentario pues, es que se use al pie del texto, es decir, con la Biblia (la RVR) abierta —y, por supuesto, leída y releída. La segunda es darle prioridad a la idea de que los Salmos son poemas. Religiosos, sí; de uso litúrgico, ciertamente en su mayoría; reinterpretados como profecías ya por algunos autores del Nuevo Testamento y mucho más en la iglesia. Los Salmos son todo eso y más. Pero no debemos perder de vista que son poemas, es decir, expresiones humanas de las emociones religiosas del pueblo de Israel: a veces, de sublime confianza en Dios; a veces, de angustia ante la persecución y la injusticia, de queja o de gratitud. Tener presente que los Salmos son poesía es estar atentos al tono emocional que comunican, y esa atención se presta enfocando sobre los indicios del arte poético que cada salmo nos da—género, estructura, imágenes, vocabulario, ritmo y sonido, entre otros. Por supuesto que no todo esto está disponible en una traducción; pero nos toca hacer lo posible. La recompensa es que así podremos, más fácilmente, conectar nuestro mundo emocional con el del salmista, y sentir cómo sus palabras se hacen nuestras y nos sirven mejor para comunicarle a Dios nuestra confianza, nuestras angustias, nuestras quejas y nuestra acción de gracias. Dos corolarios se siguen de esta segunda recomendación. El primero es que debemos respetar la integridad poética de cada salmo y conocerlo por entero. Confieso que, por muchos años, se me ha hecho difícil leer el salmo 137 completo, por mucho que los versículos 1-6 siempre han estado entre mis favoritos. El segundo corolario es que si hay poesía sublime, también la hay mediocre entre los salmos, y que el lector debe permitirse discernir entre una joya brillante como el 23 y uno tan poco sobresaliente como el 25. Saber por qué un salmo es poéticamente superior a otro es posible por un proceso análogo a comparar los «Versos sencillos» de Martí con los versos populares que se cantaban en la Cuba de antes con la tonada «Guantanamera». Aunque idénticos en cuanto a metro y ritmo, lo que ha hecho posible cantar los versos martianos con esa melodía, no hay que ser un erudito para entender que los «Versos sencillos» son la joya en este caso y hasta para entrever las razones para ello.

Dos notas técnicas

1. Si es cierto que el Salterio contiene 150 salmos, en diversas versiones de la Biblia el contenido se distribuye de manera diferente entre los 150 números. Esto es producto de la existencia de dos tradiciones textuales de los Salmos: la hebrea y la griega, o sea, la del texto masorético y la de la Septuaginta. En breve resumen, podemos decir que el Salterio siempre comienza (Salmos 1 a 8) y termina (Salmos 148 a 150) con los mismos salmos en la misma numeración, pero que entre el Salmo 9 y el 147, las cosas cambian. La Septuaginta hace un solo salmo, el 9, de los dos que en el texto masorético son el 9 y el 10. A partir de ese punto, los mismos salmos se cuentan del 11 al 113 en el texto hebreo y del 10 al 112 en el griego. La Septuaginta, entonces, vuelve a unir dos salmos del texto hebreo, el 114 y el 115, en el salmo 113 del texto griego, para dividir el 116 del texto masorético en el 114 y 115 del texto griego; y el salmo 147 del hebreo en los 146 y 147 del griego. Ya que la Vulgata latina, la Biblia de la iglesia occidental hasta la reforma protestante, usó la numeración del Salterio griego, las traducciones

católicorromanas han tendido a seguir la numeración griega, mientras que las Biblias protestantes han seguido la hebrea. En tiempos más recientes, las versiones ecuménicas y el énfasis en usar los textos originales para estudio y traducción, han influido en el creciente uso de la numeración hebrea en las biblias católicas modernas.

La numeración de los versículos de los salmos —y de toda la Biblia— es de origen medieval, ya que ni los textos originales ni las versiones antiguas la usaron. Muchos de los salmos tienen encabezamientos o títulos que pudieron ser considerados parte del texto o no, y numerados o no. En este comentario, se dará a los versículos la numeración que les da la RVR, que puede diferir en uno o hasta dos números de la del texto hebreo.

2. Si la traducción de la poesía de un idioma moderno a otro es difícil, traducir poemas del antiguo hebreo al español parece, a veces, imposible. Francamente, hay palabras en el texto cuyo significado se desconoce hoy. Esto es cierto sobre todo de palabras que aparecen una sola vez, o muy pocas veces, en el texto y, a veces, tenemos que contentarnos con dejarlas en el idioma original —como *Selah,* por ejemplo— o hacer la mejor conjetura posible, tratando de «adivinar» el sentido de la palabra.

Ése, sin embargo, no es el peor problema. En cualquier idioma hay palabras que incluyen en su campo semántico significados que en ese idioma se relacionan naturalmente, pero, en otro, necesitan más de un término para expresarse. Un ejemplo es la palabra hebrea *jesed,* que la RVR normalmente traduce como «misericordia». La traducción no es incorrecta, pero es incompleta. La misericordia que *jesed* representa tiene mucho que ver con la obligación que se siente hacia alguien a quien uno está unido por vínculos familiares o sociales, o por un pacto y, por tanto, muchas veces me parece mejor traducir la palabra como «lealtad». En esos casos y en otros en los cuales, por una u otra razón, me ha parecido que la traducción de la RVR se puede mejorar en algo, he indicado mi sugerencia con [mejor:...] entre corchetes.

Libro 1

Salmos 1-41

Salmo 1

Este salmo, de género sapiencial, sirve de prólogo al libro primero, así como a la colección completa, y es probable que haya sido compuesto para ese propósito, es decir, que sea uno de los salmos más recientes, escrito, sin duda, después del exilio, en tiempos del Segundo Templo. No parece ser un salmo de uso litúrgico, sino una composición literaria cuyo propósito es recomendar como lo más valioso en la vida el estudio de la Torá (la «ley de Jehová»), dictamen característico de la clase de escribas que ya en tiempos del Segundo Templo iba evolucionando intelectualmente hacia lo que, después, va a llamarse el judaísmo rabínico.

El salmo demarca dos destinos posibles para el ser humano: el uno sellado por la bienaventuranza y otro cuyo fin es el fracaso. La primera palabra del salmo, *ashre(y)*, es característica de la bienaventuranza o «macarismo», figura muy común en la poesía sapiencial (solamente en los Salmos aparece más de veinte veces).

El otro destino —y la única alternativa que presenta el salmo— es la vida inútil de los «malos», «pecadores» o «escarnecedores».

La vida «bienaventurada» se define, en el primer versículo, en forma negativa, es decir, por medio de tres imágenes muy concretas con las cuales el salmista bosqueja, en forma casi de escena dramática, al «bienaventurado» rechazando y apartándose del comportamiento característico de los «malos». Si reconocemos el uso del paralelismo —triple en este caso— no se trata de tres clases diferentes de malvados, sino de tres rasgos típicos con los cuales se define una manera de obrar: malos consejos o malas decisiones, conducta pecaminosa y menosprecio arrogante que se burla de los que no pertenecen a su círculo, ni toman asiento en sus tertulias.

La definición positiva en el segundo versículo tiene un enfoque simple y más preciso: la vida bienaventurada es la de quien pone la ley del Señor por encima de todo lo demás: es «su delicia», su deleite y su tesoro. Debemos tener bien en cuenta la imagen concreta que el salmista nos presenta en este caso —y que la RVR, así como muchas otras traducciones modernas, despinta un tanto al traducir la forma verbal hebrea *yehgeh* con «medita». El verbo significa «gruñir», «farfullar», «leer entre dientes» y el salmista nos ha querido presentar la imagen del sabio piadoso que se inclina de día y de noche sobre el texto sagrado, leyendo y murmurando sus palabras. Si nos preguntamos cuál es el propósito de poner esta imagen en un poema que sirve de prólogo al libro de los Salmos, una respuesta que parece posible es que el salmista ya quiso darles a los Salmos el rango de «ley de Jehová».

Los dos destinos humanos se expresan, en los versículos tercero y cuarto, con el poderoso par de imágenes que le dan al salmo su centro poético: el «árbol plantado junto a corrientes de aguas» contrapuesto al «tamo que arrebata el viento». La primera imagen parece ser un reflejo de Jeremías 17:7,8 , que dice:

> ¡Bendito el hombre que confía en Jehová, cuya confianza está puesta en Jehová!, porque será como el árbol plantado junto a las aguas, que junto a la corriente echará sus raíces. No temerá cuando llegue el calor, sino que su hoja estará verde. En el año de sequía no se inquietará, ni dejará de dar fruto.

La imagen opuesta en Jeremías 17:5,6 es muy distinta a la del primer salmo:

> ¡Maldito aquel que confía en el hombre, que pone su confianza en la fuerza humana, mientras su corazón se aparta de Jehová! Será como la retama en el desierto, y no verá cuando viene el bien, sino que morará en los sequedales en el desierto, en tierra despoblada y deshabitada.

La retama o tamarisco es una planta del desierto, inútil para el ser humano, mientras que el tamo es la cáscara del grano y la paja que se desechan al trillar en la era —lo «arrebata el viento»— es decir, que se declara o manifiesta como inútil. Podemos ver aquí un uso temprano de esa poderosa imagen de la trilla en la era que va a hacerse parte del ideario escatológico judío y cristiano, como alusión al juicio final. «Por tanto», continúa el salmo, los malos y los pecadores serán condenados («no se levantarán en el juicio») porque el juez, el Señor, «conoce» (acepta, recibe, aprueba, se identifica con) «el camino de los justos», es decir, la senda que tiene como guía imprescindible el estudio de la ley del Señor; pero, al contrario, «la senda de los malos perecerá».

Salmo 2

Con el salmo segundo entramos en un ambiente muy disímil al de la sala de estudio de los escribas del Segundo Templo. Este salmo incluye temas y fórmulas que tuvieron origen en la antigua corte de los reyes de Judá y que, a su vez, compartían raíces con los ritos reales comunes en el antiguo Oriente Medio, sobre todo los del protocolo faraónico de Egipto. Muchos estudiosos modernos, por lo tanto, lo han identificado como un salmo real o regio, posiblemente compuesto para celebrar la entronización de un rey de la casta de David, mientras que otros hoy lo consideran una obra más reciente, posexílica, en la que expresiones e imágenes antiguas se ponen al servicio de un nivel distinto de significado mesiánico, un proceso presente en el resto de la Biblia, donde se encuentran interpretaciones del salmo como la de Hebreos 1:5. Mientras duró la monarquía de Judá, «el ungido» (en hebreo, la palabra es *mashiach*, de dónde se deriva «mesías») o «el ungido del Señor» era un término usado para referirse al rey, cuya investidura ceremonial culminaba en su ungimiento con aceite. Después de la caída de la monarquía, el término se usa con referencia, primeramente, al esperado descendiente de David que vendría a restablecer la independencia política de Judá y la dinastía davídica y, más tarde, a la figura de un salvador escatológico (o más de uno, ya que en los Escritos del Mar Muerto se habla de la venida de dos mesías, uno regio y uno sacerdotal) que iba(n) a inaugurar la victoria final del reino de Dios y la redención de su pueblo. Sea cual sea el origen del salmo segundo, podemos estar seguros de que, dado su contenido, existió por mucho tiempo en un contexto de interpretaciones diversas y cambiantes.

Se ha dicho, también, que el autor del salmo primero parece haberlo compuesto como un complemento al segundo, es decir, que las naciones rebeldes de éste sirven como ejemplo de los «malos» de aquél. Hay varios indicios literarios que pueden aducirse, por ejemplo, el marco formado por el macarismo que abre el salmo 1 (1:1) y el que cierra el salmo 2 (2:12), o el uso contrastante de un mismo verbo (*hgh*) para describir la actividad del bienaventurado que «medita» (o lee entre dientes) la Torá en el 1:2, con el caso de las naciones rebeldes que «piensan (o farfullan) cosas vanas» en el 2:1.

El salmo se desarrolla en tres niveles, en cada uno de los cuales se sitúa uno de los tres personajes del bosquejo dramático que esboza: el Señor en los cielos, el ungido en Sión y las naciones en el mundo circundante. Del nivel de las naciones suben las voces discordantes de rebelión «contra Jehová y contra su ungido», mientras que de los cielos bajan la risa sardónica y el juicio airado del Señor y, desde Sión, el ungido proclama su decreto, en el cual se declara como hijo adoptivo del Señor, con la autoridad y el poder para regir sobre las naciones. Tales declaraciones eran parte de los ritos de investidura real en las naciones vecinas a Israel y Judá. En Egipto, también, el ritual mágico de quebrar con el cetro ciertas vasijas de barro inscritas con el nombre de los pueblos considerados como enemigos tradicionales del reino está bien documentado (el versículo 9 parece aludir a esa costumbre).

El salmo termina (10-12.ª) con una amonestación dirigida a los reyes y gobernantes de la Tierra, la que ya en el momento en el que se completó el libro de los Salmos llevaba un significado diferente al que tuvo cuando se compuso, si la composición tuvo lugar en tiempos de la monarquía. Es el ungido del Señor quien habla, desde Sión, conminando a las naciones rebeldes a someterse al Dios de Israel. Al principio del versículo 12 encontramos una dificultad, un caso seguramente de corrupción textual: no se debe leer «nashequ bar», que la RVR traduce «Honrad [lit., besad] al Hijo», ya que tal texto no se encuentra en las versiones más antiguas, y que «bar» sí significa hijo, pero sólo en Arameo, y que el mismo salmo, en el versículo 7, usa la palabra hebrea «ben» para lo mismo. Sería como encontrar un poema en castellano que una vez dice «hijo» y después, sin más razón, usa «filho» o «fils» en portugués o francés. Es mejor, con muchas de las versiones modernas, ver en «bar» una forma truncada, posiblemente de «baraglayim», en cuyo caso, la traducción sería «besad sus pies» o, tal vez, como ha sugerido recientemente Robert Alter en su traducción al inglés, usar significados alternos de las mismas —o muy similares— palabras y traducir «armaos de pureza».

Salmo 3

Con el salmo tercero comienza una serie de salmos (3 a 41) que forman el primer «libro» del Salterio, y que llevan la nota editorial «leDawid» añadida al principio. Otras series de salmos atribuidos a David se encuentran del 51 al 72, del 108 al 110 y del 138 al 145, colecciones generalmente consideradas como exílicas. La traducción «de David» es solamente una de varias posibilidades, y no significa que el rey David haya sido necesariamente el autor del salmo. Además, como muchos otros de los salmos así encabezados, éste continúa con una nota en la que un redactor exílico (o posexílico) intenta vincularlo con un momento definido en las ya historiadas tradiciones de la vida de David —en este caso, «cuando huía de delante de su hijo Absalón». Lo mejor que podemos hacer con esas notas es tomarlas como indicios de una corriente temprana de la interpretación judía de las tradiciones bíblicas.

Considerando el salmo tercero en sí mismo, lo podemos identificar con la clase o género muy numeroso de salmo de súplica individual. Tal vez haya sido parte de un rito de súplica a favor de alguien que sufría una aflicción a manos de «enemigos» indeterminados —pues los salmos de este género fueron compuestos, aparentemente, para ser utilizables en una diversidad de situaciones— y también, típicamente, mezcla la súplica con expresiones de confianza y hasta de gratitud al Señor por haber derrotado a esos enemigos mientras el suplicante dormía. Este salmo no es uno de los más originales ni abundantes en imágenes poéticas del Salterio, y una de sus imágenes, la de Dios abofeteando y rompiéndoles los dientes a los enemigos perversos (versículo 7), es un poco extravagante. Es de notarse el equilibrio entre la acusación que hacen los «adversarios» en el versículo 2: «no hay para él salvación en Dios», y la afirmación de confianza y bendición con la que cierra el salmo en el versículo 8: «la salvación es de Jehová; sobre tu pueblo sea tu bendición», es decir, que el salmo desmiente a los enemigos del doliente, y así lo reintegra a la comunidad del pueblo del Señor.

Una nota final, ya que este salmo es el primero en el que ocurre (tres veces) la palabra «Selah», que encontramos añadida al final de los versículos 2, 4 y 8: esta palabra parece ser una abreviatura o el acrónimo de una frase —tal vez, una rúbrica musical— cuyo significado no se conoce y, por lo tanto, es mejor no tomarla en cuenta.

Salmo 4

La nota editorial que encabeza el salmo es la primera, de más de cincuenta en todo el Salterio, que se dirigen al «menatse(a)j», palabra cuya traducción «músico principal» en la RVR se ajusta a la tradición, aunque no sabemos su definición exacta. (El plural de la misma palabra en 2 Cr 2:1 se traduce, aparentemente también con acierto, «capataces»). La nota parece indicar que el salmo se debe cantar con acompañamiento de instrumentos de cuerda.

El género de este breve salmo combina elementos de la súplica individual y de la oración de confianza. La voz cantante es la de alguien que se identifica en el versículo 3 como «piadoso» en la RVR, aunque una traducción mejor sería «fiel» o «leal». La nota de confianza —y, hasta podemos decir, de la confianza mutua entre el salmista y su Señor— es la que le da el tono a este salmo. El salmista comienza su plegaria dirigiéndose directamente a Dios y, según es de costumbre en los salmos de súplica, antes de la petición («Ten misericordia de mí y oye mi oración») reconoce que Dios lo ha ayudado antes. En este caso, debemos leer «Dios, justicia mía» con el sentido de «Dios, que me has declarado justo», es decir, que en otra ocasión has reivindicado mi inocencia. Este sentido encaja perfectamente con lo que sigue: «Cuando estaba en angustia [o mejor, en aprietos], tú me diste alivio».

En los versículos siguientes (2-5), el salmista se dirige a sus adversarios, a los que llama «hijos de los hombres», poniendo en realce la diferencia entre ellos y el Dios al que primeramente se dirigió. Según lo que dice en el versículo 2, el problema parece ser que lo calumnian o lo acusan continuamente («¿hasta cuándo… ?») con falsos testimonios, aunque —como ya se ha dicho— el salmista tiene la certidumbre de que el Señor ya lo ha declarado «piadoso» (o fiel) y «oirá cuando yo a él clame». Los versículos 4 y 8 establecen un contraste entre los enemigos y el «fiel». Los enemigos se acuestan pero no pueden dormir («temblad» en el 5 representa un verbo que significa «agitarse, estremecerse, temer»). El salmista los amonesta a no pecar (o a no seguir pecando) y a ofrecer sacrificios justos (mejor que «de justicia» en el versículo 5, véase Mt 5: 21-26), para que así puedan llegar, también, a confiar en el Señor. El que el versículo 8 —versículo que muchos aprendimos a repetir desde la niñez en nuestras oraciones nocturnas— llama «fiel» duerme cada noche con la paz de quien sabe que el Señor garantiza su confianza. En el espacio entre las dos escenas contrastantes de los versículos 4 y 8, el salmista introduce una respuesta decisiva a la pregunta de «muchos» (v. 6): «¿Quién nos mostrará el bien?», en forma de plegaria al Señor, de cuyo rostro, dice, viene la luz que ilumina su noche, y una alegría, aún en medio de su situación difícil, mayor que la que puedan proporcionar la abundancia y la riqueza (v.7).

Salmo 5

El quinto salmo lleva una nota editorial que se puede traducir «al director: con flautas» (*nehilot*), además de la rúbrica «Salmo (*mizmor*) de David». Se trata de un salmo de súplica individual, que encaja bien con el tema del salmo cuarto, ya que se puede, también, clasificar como la plegaria de alguien falsamente acusado que pide a Dios que reconozca y defienda su inocencia. Al mismo tiempo, este salmo comparte con el tercero una imagen guerrera distintiva: el Señor como «escudo» que defiende al fiel (3:3 y 5:12, aunque las palabras son distintas: *magen* en el 3 y *tzinna* en el 5). No es posible decir más sobre la situación que primero le dio a este salmo su trasfondo, ya que sabemos muy poco sobre las instituciones jurídicas del antiguo Israel y, además, no se puede determinar con certidumbre si este salmo proviene de antes del exilio o del tiempo del Segundo Templo. En cierto sentido, no importa: lo leemos y lo usamos hoy en nuestras devociones como una plegaria en la que oímos la voz de los acusados y los perseguidos de nuestro mundo, y podemos comprender y compartir la confianza en el Dios que bendice y defiende al justo.

El salmo comienza con una súplica en paralelismo triple («escucha... mis palabras; considera mi gemir; está atento a la voz de mi clamor»), que el salmista dirige al Señor, a quién llama «Rey mío y Dios mío». Esta interpelación se refiere a la función judicial del rey, quien servía de corte de última instancia y recibía directamente las peticiones de sus súbditos agraviados. A la triple súplica corresponde una promesa triple: «a ti oraré... de mañana oirás mi voz; de mañana me presentaré delante de ti, y esperaré». En los versículos 4 a 6, el salmo describe un Dios que rechaza tanto la maldad como a los malos, a los jactanciosos (mejor que «insensatos» en el 5), a los que hacen iniquidad, a los mentirosos y a los sanguinarios, a los cuales aborrece y abomina. Es decir, que más que definir a Dios, el salmista define a sus contrarios como aquellos a quienes Dios rechaza, introduciendo así la imprecación en contra de ellos que sigue en los versículos 9 y 10.

Tal imprecación no sigue directamente, porque el poeta entreteje estrofas de plegaria a favor de los justos (versículos 1-3; 7-8; 11-12) con estrofas en contra de los malvados (versículos 4-6; 9-10). Así, continúa en el 7 sus promesas del 2 y el 3, prometiendo ahora entrar al santuario y postrarse («adoraré» es, literalmente, «me postraré») en dirección al templo, para continuar con su súplica, pidiendo, en este caso, que Dios lo guíe por un camino recto, «a causa de mis enemigos» (versículo 8).

En las dos últimas estrofas, 9-10 y 11-12, el salmista acusa ante Dios a sus enemigos de ser embusteros por naturaleza, y crea una poderosa imagen: «sepulcro abierto es su garganta»; es decir, que su garganta, como un sepulcro abierto, deja escapar el hedor de la mentira, sentido que confirma el paralelo con «su lengua es mentirosa». Es posible ver un reflejo de esta imagen en las palabras de Jesús en Mateo 23:27-28. El poeta no pide reconciliación ni perdón para sus enemigos, sino que ruega a Dios que los castigue «porque se rebelaron contra ti». El mundo de este salmo, como el de tantos otros, está dividido absolutamente entre buenos y malos, amigos y enemigos, «nosotros» y «ellos». Parece casi que el poeta, como Jonás, teme que el Señor es un Dios demasiado «clemente y piadoso» (véase Jon 4), y merece que Dios le pregunte también: «¿Haces bien en enojarte tanto?» (Jon 4:3).

El salmo termina con una bella expresión de alegría por causa de la confianza que los justos, los que aman a Dios, tienen en que Dios los bendecirá y los escudará con su favor.

Salmo 6

En este salmo, la nota editorial dirigida «al músico principal» puede traducirse «con cuerdas, sobre la octava» lo que, posiblemente, quiera decir o que se cante en un tono más bajo, o que se use un instrumento de ocho cuerdas. En cuanto al género, es un salmo de súplica individual y, como todos los salmos que comparten esta clasificación, puede aplicarse a diversas causas de sufrimiento, las imágenes de enfermedad y de achaques físicos predominan.

La primera y mayor parte del salmo, versículos 1-7, se dirige al Señor y contiene elementos de queja y de súplica, resumidos en siete verbos imperativos («no me reprendas... ni me castigues... ten misericordia... sáname... vuélvete... libra mi alma... sálvame») concentrados en los versículos 1-4. El tono de urgencia que imparte esta cantilena de ruegos se acentúa con una serie de quejas alusivas al malestar físico y espiritual en que se encuentra el salmista («estoy enfermo... mis huesos se estremecen... mi alma está muy turbada... me he consumido a fuerza de gemir... inundo de llanto mi lecho, riego mi cama con lágrimas... mis ojos están gastados de sufrir, se han envejecido». En el versículo 3, el poeta dirige al Señor una pregunta imprecatoria «¿hasta cuándo?» que, como en los salmos 90:13 y 94:3, nos comunica su impaciencia. Y en el 5, nos hace saber la razón fundamental de esa impaciencia. El salmista siente que se aproxima su partida al seol, es decir, al lugar de los muertos, como lo demuestra en este versículo el paralelismo «muerte» y «seol», y que allí no hay ni memoria ni alabanza del Señor. Este enfoque pesimista del fin de la vida humana, en el que todos, tanto justos como pecadores, llegan al mismo triste término, refleja una visión muy común en el mundo antiguo, no solamente en el de los hebreos, y que se encuentra también en otros libros del Antiguo Testamento —por ejemplo, en el Eclesiastés (e.g., Ec 9:2-6).

El salmo termina (versículos 8-10) con la exclamación victoriosa del poeta que se sabe vindicado por el Señor, que «ha oído la voz de mi lloro... ha oído mi ruego; ha recibido... mi oración». Es un tanto desconcertante que esa exclamación no le dirige hacia una reconciliación con sus enemigos, sino que, al contrario, comienza en forma tajante y divisoria: «Apartaos de mí, todos los hacedores de maldad» y termina jactándose de la vergüenza y turbación en la que esos adversarios han quedado.

Salmo 7

La nota editorial que encabeza este salmo lo califica de «sigaión», voz incierta pero que, posiblemente, significa «lamento». Si lo clasificamos de acuerdo con los criterios modernos, diremos que es un salmo de súplica individual. Algún editor antiguo, queriendo localizarlo en un momento específico de la historia tradicional de David, lo rotuló «que cantó a Jehová acerca de las palabras de Cus, hijo de Benjamín», intentando, aparentemente, conectarlo con «el etíope» (*cusi*) de 2 Samuel 18:19-33, es decir, con el soldado que le trae a David la triste noticia de la muerte de Absalón. El contenido del salmo no da pie a tal interpretación y, como ya se ha dicho, es mejor considerarlo un salmo de súplica individual, que en rasgos generales parece corresponder a la situación de alguien falsamente acusado de algún crimen o injusticia. Los versículos 1-2, en muy breves palabras, invocan al Señor (1a) y, como es típico de este género de salmo, testifican en primer lugar que el poeta ha confiado en el Señor (1b), para introducir la súplica del 1c y el 2. Dado el hecho de que la palabra *nefesh* en el 2 significa, entre otras cosas, «respiración, garganta» (véase DBHE, 504-506), la traducción «alma», aunque técnicamente posible, encubre la imagen poética, basada en la observación de la manera en la que un león ataca sus víctimas, primero, desgarrándoles la garganta para estrangularlas y, después, destrozándolas para devorarlas, que se despliega en las dos partes del versículo 2.

Los versículos 3-5 tienen como base una autoimprecación, o sea, un tipo de juramento condicional («si de algo soy culpable...») que tiene su origen en las cortes de Israel y que imitan los poetas bíblicos (véase la serie en Job 31: 5-40, por ejemplo). El acusado jura su inocencia en manera similar a la que usábamos para desmentir una acusación cuando niños: «¡que me parta un rayo!». El juicio se lleva a cabo ante el Señor, que el salmista presenta con los atributos característicos de un rey: sentado en su alto trono en medio de la «congregación (o asamblea) de pueblos», Dios es, al mismo, tiempo «juez justo» y guerrero temible. El versículo 8 hace la transición de la gran escena del Dios que juzga a todos los pueblos a la plegaria personal al Dios que puede vindicar al individuo injustamente acusado; es decir, que nos devuelve al género de súplica individual. En los versículos 9-16, el salmista pide a Dios que castigue a sus acusadores (si no se arrepienten, 12) con toda la fuerza de sus armas mortíferas, aunque en los versículos 14-16, usando giros e imágenes que tienen sabor a refranes populares, el poeta culpa a sus enemigos de su propia destrucción.

La breve promesa de alabanza (versículo 17) con la que el salmo concluye alude a los dos temas ya mencionados del Señor como Dios justo y como «Altísimo» —*elyon*, epíteto éste que proviene de las más antiguas tradiciones de Canaán y que se refiere a Dios como el rey guerrero entronizado en las alturas.

Salmo 8

El salmo octavo es una joya poética que rebasa los límites del simple uso litúrgico. Se puede clasificar como un himno de alabanza, pero no parece posible precisar más sobre el tipo de servicio al que tal vez perteneció. La nota editorial al principio del salmo le indica «al músico principal» que debe cantarse «con la Gitit», «la de Gat» (gentílico del nombre de la ciudad filistea donde David se refugió cuando Saúl lo perseguía, véase 1 S 27:1-4), lo que puede ser el nombre de un instrumento musical o el nombre de una tonada. Es también posible, con el cambio de una vocal, leer «gitot», forma plural del nombre común «gat», «lagar».

Dos versículos idénticos, el 1 y el 9, forman un marco para todo el poema y proclaman su tema: la grandeza (*addir*, lit. «noble, magnífico») del nombre del Señor en toda la Tierra. El enfoque del salmo es el mundo entero, pero, tal vez, la referencia al nombre del Señor, si tenemos en mente la importancia que tuvo ese concepto en la perspectiva teológica sobre Jerusalén y su Templo que tuvo su primera expresión en el Deuteronomio (véase Dt 12: 4, 11, 21), nos da una pista para identificar el centro desde donde el poeta contempla esa visión universal —o mejor dicho, visión de la creación entera, visión que concuerda con la que presenta el primer capítulo del Génesis.

El salmista primeramente dirige la mirada verticalmente y hacia arriba (versículos 1-3), donde ve la «gloria» (*hod*, que el DBHE traduce «belleza, hermosura, honor, dignidad, gloria») de Dios, es decir, la noble belleza de los cielos y de los astros (3). El versículo 2, lejos de interrumpir el hilo del poema, anuncia con el 4 el tema central del salmo: la majestad de Dios en la creación le «tapa la boca» a los que se le oponen, ya que hasta un niño puede reconocerla y alabarla (véase cómo en Mt 21:16 Jesús cita este versículo para silenciar a los que lo criticaban por no hacer callar a los muchachos callejeros de Jerusalén, que lo vitoreaban con «¡Hosana al Hijo de David!»). El paso siguiente es el que da el salmista en los versículos 4-7: el poeta reconoce con asombro y gratitud el lugar de honor y dominio —y, por consecuencia, de responsabilidad— que Dios le ha dado en su creación. El versículo 5 puede traducirse, con mejor traducción del texto hebreo, «lo has hecho poco menor que Dios», lo que pone al ser humano en el centro de la creación, por debajo de Dios, pero por encima de todo lo demás. La mirada aquí es horizontal y hacia abajo, y la idea o, tal vez, la influencia del Génesis 1:26-28 se hace sentir claramente.

El salmo concluye, como se ha dicho, con la misma ascripción de gloria con la que comenzó.

Salmos 9 y 10

Dos cosas podemos decir de inmediato sobre este salmo: la primera, que los «dos» salmos 9 y 10 del texto hebreo son un solo salmo que por razón que no sabemos se ha dividido en dos; y, la segunda, que el texto de este salmo está en pésimo estado de preservación. Tanto la Septuaginta griega como la Vulgata latina consideran este texto un solo salmo, y el editor del texto hebreo que le añadió un encabezamiento al 9, no le puso otro al 10. El encabezamiento mismo demuestra cierta confusión, al incluir el intraducible «Mut-labén», que tal vez se explique en parte por un trastrueque de las consonantes de «nebel», «arpa». La mejor evidencia de que se trata de un solo salmo, y de su corrupción textual, es la que proviene del texto mismo: es un poema acróstico alfabético y, aunque por su mal estado de conservación se han perdido algunas «letras» (d, m, n, s, ts), se ve claramente que la composición comienza con el principio del 9 y termina con el fin del 10.

En cuanto al género, se puede clasificar como salmo de acción de gracias y de súplica individual, con un tono judicial que identifica la causa de la acción de gracias con la vindicación de un justo —o mejor, de los justos, ya que las frecuentes hipérboles del salmo (por ejemplo, véase el 9:5-6) parecen demasiado exageradas para referirse a un veredicto a favor de un solo individuo. El Señor, dice el salmista, ha favorecido y favorecerá a «los que conocen [su] nombre», a «los que [lo] buscaron» (9:10). Esta clase de personas es aparentemente la misma que el salmo califica de «pobre, pobres» (9:9, 18; 10:1, 12), «menesteroso» (9:18), «desvalido» (10:14), «huérfano» (10:14, 18), «humildes» (10:17) y «oprimido» (10: 18) en la traducción de la RVR. No podemos hoy decir con certeza si el salmista tenía en mente a todos los pobres en general, o a alguna comunidad o grupo religioso al cual pertenecía, al referirse a sus miembros de esa manera. El mensaje para nosotros, sin embargo, está bien claro: el salmista proclama su convicción absoluta de que el Señor favorece, vindica y defiende a los pobres oprimidos, y el salmo puede leerse hoy como una voz en el coro numeroso de las voces bíblicas que han proclamado la «opción preferencial por los pobres» como característica de Dios, y precepto para su pueblo.

Los «adversarios», es decir, los «malos» y las «naciones», enemigos del salmista y de los «pobres», ya han sido derrotados (por ejemplo, además del ya mencionado 9:5,6, el 9:3,15) pero continúan amenazando, como vemos en las peticiones del salmo (por ejemplo, 9:13, 19-20, 10:15). El poeta los describe en términos absolutos de maldad, que culminan en la poderosa imagen del enemigo como un león merodeante (10:8-10). Tan absolutos son, que 1 Pedro 5:8 parece derivar de este salmo su descripción del diablo, que «como león rugiente, anda alrededor buscando a quién devorar». En el universo poético del salmo, que así demoniza a los adversarios, no existe la posibilidad de reconciliación, sino la de destrucción o separación absoluta del enemigo: «Jehová es Rey eternamente y para siempre; de su tierra desaparecerán las naciones» (10:16) —y debemos recordar que «goyim», la palabra hebrea que aquí se traduce «naciones» es, precisamente, la misma que tradicionalmente se traduce «gentiles».

Dios en este salmo se presenta como un rey y juez absoluto, que si bien el salmista puede esperar que defienda a los pobres y a los oprimidos, lo hace desde una perspectiva radicalmente dedicada a la destrucción del malo: «Los malos serán trasladados al seol, todas las naciones que se olvidan de Dios» (9:17).

Es cierto que el salmo nos hace confiar en que la justicia divina se pronuncia a favor de los oprimidos y en que el pecado de ejercer violencia contra los más débiles es algo que Dios repudia en lo absoluto. Pero si leemos este salmo olvidándonos de que Dios es el Dios que ama a todos los seres humanos y no rechaza a ningún pueblo o nación, o de que todos nosotros, en cualquier momento, podemos ser los mismos malos y opresores de los que nos habla el salmo, lo leeremos con poco provecho.

Salmo 11

Este breve salmo, como los que le rodean en el Salterio, tiene en su centro la relación triangular entre el Señor, rey y juez justo, los malos y el justo. A diferencia del salmo anterior, los malos no se identifican como «gentes» o «naciones», sino por sus acciones, que la metáfora de los versículos 1b-2 —acechan al justo como acechan los cazadores a un ave en los montes— identifica con la alevosa violencia en contra de los «rectos de corazón». El Señor observa a los humanos desde su santo templo, que el paralelismo del versículo 4 identifica con el trono celestial. Sin hacerle enmienda alguna al texto, se puede traducir el versículo 5 como «El Señor prueba al justo y al malo; y su alma aborrece al que ama la violencia», lo cual presenta mejor el significado. La imagen de la copa llena de «fuego, azufre y viento abrasador», con la que el versículo 6 representa el castigo de los malos, continúa desarrollándose por mucho tiempo, sobre todo en textos de índole apocalíptica, como lo vemos en el capítulo 16 del Apocalipsis de San Juan.

La joya más brillante que nos ofrece este salmo está en el versículo 7, que a la pregunta inquietante del versículo 3: «Si son destruidos los fundamentos, ¿qué puede hacer el justo?» responde afirmando que el Señor «es justo, y ama la justicia», y que «el hombre recto verá su rostro». La tradición religiosa de Israel afirmaba que al ser humano le era imposible ver el rostro de Dios;

pero el salmista parece decir que, aun en situaciones caóticas en las cuales la violencia, que el Señor aborrece, amenaza con destruir los fundamentos de las relaciones sociales y de la vida misma, es precisamente en la práctica humana de la justicia y de la rectitud —la anti-violencia (aunque el salmo no lo dice, el *shalom*)— con la que el Señor se identifica, donde nos es posible ver, entre nosotros y en nosotros mismos, el rostro de Dios.

Salmo 12

Este corto salmo empieza clamando al Señor («salva, Jehová» es un grito de auxilio) desde una situación humana en la que la mentira se ha hecho moneda corriente, donde la lisonja y la duplicidad («doblez de corazón», recordando que *leb*, «corazón» tiene el sentido de «mente») se esparcen hasta que parece que los piadosos y los fieles ya han dejado de existir. El verbo que la RVR traduce «destruirá» en el versículo 3 es *krt*, literalmente, «cortar», y la forma verbal no es un indicativo, sino un subjuntivo o yusivo, de manera que muchas traducciones modernas correctamente dicen «¡que el Señor corte todos los labios lisonjeros y la lengua que habla jactanciosamente!» o algo parecido. La arrogancia de quienes mienten cuanto quieren, con tal de que les sea provechoso, es el tema del versículo 4, y la razón por la cual esa arrogancia provoca la ira de Dios está en sus consecuencias: «por la opresión de los pobres, por el gemido de los necesitados» (5). En la turbia atmósfera creada por la corrupción de las palabras humanas, en la cual los malos merodean como fieras predatorias, «cuando la infamia es enaltecida entre los hijos de los hombres» (8), el poeta hace resaltar la imagen brillante de las palabras del Señor, candentes en su pureza como la plata acrisolada del versículo 6, «palabras limpias, como plata refinada en horno [o mejor, crisol] de barro, purificada siete veces».

Salmo 13

Si no contamos las tres palabras del encabezamiento editorial, el salmo 13 consiste en 52 palabras hebreas. En ese breve ámbito, el salmista compuso un ejemplar perfecto —aunque en miniatura— del salmo de súplica individual y, a la vez, una de las joyas poéticas del Salterio. Las tres partes principales de este tipo de salmo son 1) la invocación y queja, 2) la petición de ayuda contra los enemigos, y 3) la proclamación de confianza en el Señor con voto de alabanza.

Los versículos 1-2 plantean la invocación y queja en cuatro partes, cada una encabezada por la interrogación repetida en anáfora «¿Hasta cuándo?» —uso del que se encuentran también ejemplos en la poesía litúrgica de la antigua Mesopotamia. La voz cantante es siempre la del salmista, pero en el versículo 1, el Señor es el sujeto de los verbos «olvidar» y «esconder», seguido en el versículo 2 por el «yo» del poeta, sujeto de «tener», y por el enemigo, sujeto de «enaltecerse», que en el texto hebreo del salmo es un verbo activo, que debemos leer «se enaltecerá». La estructura de los versículos 3-4 repite, con variaciones, la de los dos primeros. La serie de sujetos gramaticales es la misma: «Jehová, Dios mío», de los imperativos «mira, respóndeme... alumbra»; el «yo» del poeta, de «no duerma»; y el enemigo, de «no diga». Además, se repite el «para que no (*pen*)»— lo que, aunque no sea anáfora propiamente dicha, hace eco a las repeticiones de «hasta cuándo».

El voto de alabanza «cantaré a Jehová» y la proclamación de confianza en el Señor «porque me ha hecho bien» completan el salmo en el versículo 6. Este breve salmo les ha dado voz a innumerables fieles que, oprimidos en su angustia, no han perdido la esperanza de recibir auxilio y, con fe, han lanzado contra la oscuridad sus «¿Hasta cuándo?».

Salmo 14

El Salterio contiene dos copias casi idénticas de este salmo: la otra es el salmo 53.

El género del salmo es sapiencial, pero es difícil ser más preciso en cuanto a su contexto original. Gerstenberger clasifica el salmo 14 como «lamento congregacional; salmo sapiencial» y el 53 como «instrucción de la comunidad».

El versículo 1 pone en escena un personaje frecuentemente mencionado en la literatura sapiencial: el «necio (*nabal*)», antítesis del sabio o prudente, es decir, del que ha hecho suya la sabiduría que proviene de la Torá, de la ley divina. El necio se presenta en su peor aspecto, es decir, pensando —que es lo que significa «dice en su corazón»— que no hay Dios. Como el versículo dice bien claramente, el problema no es el ateísmo filosófico abstracto, sino la falta de compás moral del que no quiere aceptar la autoridad y el juicio de Dios sobre sus acciones corrompidas y abominables, identificadas en el versículo 4 como la opresión (¿económica?) del pueblo de Dios. En forma dramática, el Señor aparece desde los cielos en el versículo 2 para demostrar, con su proyecto de examinar y juzgar al género humano, la necedad del necio y la corrupción universal. El resultado del examen lo anuncia el Señor mismo en los versículos 3 y 4. Y, ya que en la segunda mitad del versículo 4, «que devoran a mi pueblo como si comieran pan, y no invocan a Jehová», el Señor cambia de la primera a la tercera persona gramatical para referirse a sí mismo, podemos leer los versículos 5 y 6 como continuación de su pronunciamiento. El salmo termina en el versículo 7, con una expresión de la esperanza urgente (*mi yitten*, «quién diera») «que de Sión viniera la salvación de Israel» —lo que puede indicar cierto sentimiento de impaciencia con las autoridades religiosas del Templo. En el mismo versículo, debería decir «cuando Jehová cambie la suerte de su pueblo» en vez de «hiciere volver a los cautivos de su pueblo». Esto último es resultado de lo que Alonso Schökel y otros consideran una confusión entre *shebut*, «suerte, destino», y *shebit*, «cautividad» (DBHE).

La mayor necedad que cometemos los seres humanos es actuar en forma egoísta y en contra de los intereses de los débiles sin pensar, primero, que hay un Dios que nos llama a todos «mi pueblo» (4) —sobre todo, a los pobres. Este salmo insiste, proféticamente, en que en ese caso nos tocará temblar de espanto ante el juicio de Dios (5), esbozando ya el sentimiento que van a expresar después tales textos como la parábola del juicio de las naciones (Mt 25:31-43).

Salmo 15

Este breve salmo consiste en una pregunta dirigida al Señor (1), seguida de la respuesta en el resto del poema (2-5). Esa estructura (además del contenido mismo de la pregunta, expresado en paralelismo: «¿quién habitará en tu Tabernáculo?, ¿Quién morará en tu monte Santo?») ha hecho pensar a muchos intérpretes que se trata de una liturgia de entrada al Templo, tal vez para ser usada por los peregrinos que allí acudían. Esa explicación es demasiado simple. En primer lugar, los dos verbos en la pregunta, *gur* y *shakan*, no significan entrar, sino «hospedarse, residir, habitar» el primero, y «alojarse, domiciliarse, instalarse» el segundo (DBHE). Debemos reconocer en la pregunta, más que una alusión concreta a la entrada a los recintos del Tabernáculo, una metáfora que habla de una relación personal e íntima con Dios. En segundo y más importante lugar, el contenido de la respuesta no es lo que habría de ser en una verdadera liturgia de entrada al santuario. Esos ritos tenían el propósito de evitar que los sacrificios fueran profanados por una ofrenda impura o por la presencia de alguien que estuviera en estado de impureza —por causa de contacto reciente y no purificado con la sangre, la muerte o las relaciones conyugales. El salmo no habla de nada de eso, sino que, en su lugar, coloca una instrucción moral, una lista de preceptos para la conducta diaria que definen al que podrá habitar en el Tabernáculo y morar en el monte santo. Vienen a la mente las palabras de Miqueas (6:8): «Hombre, él te ha declarado lo que es bueno, lo que pide Jehová de ti: solamente hacer justicia, amar misericordia y humillarte ante tu Dios», que el profeta pronuncia al final de una serie de preguntas (Miq 6:6-7), en las que parece parodiar una liturgia sacrificial. Podemos calificar el salmo 15 en cuanto a género como una instrucción moral en forma de liturgia de entrada al Templo. El salmo recomienda una escueta lista de virtudes en acción, no de abstracciones, todas en frases verbales. Así, por ejemplo, el versículo 2 no recomienda la integridad, la justicia y la veracidad, sino al que «anda en integridad y hace justicia, el que habla verdad en su corazón». No calumniar, ni hacer mal al prójimo, no admitir reproche contra un vecino, no menospreciar al indigno y honrar a los que temen al Señor, cumplir un juramento aunque sea para daño propio, no prestar a usura ni aceptar un soborno para condenar a un inocente: «el que hace estas cosas no resbalará jamás» (5). No resbalará, si recordamos la pregunta a la que el salmo responde, al andar en su camino hacia una vida de íntima amistad con Dios.

Salmo 16

La palabra *miktam*, que aparece en el encabezamiento de este salmo y de otros cinco (56-60), tiene significado incierto, que puede ser «inscripción», «epigrama», «oración secreta» (*HALOT*). El salmo 16 presenta varias dificultades técnicas, que han llevado a Alonso Schökel a llamarlo «un salmo bellísimo con un texto en estado de conservación deplorable: como una escultura insigne roída por la intemperie» (*Salmos* I, 292). Es un salmo de confianza en Dios, como el versículo primero indica; pero tiene, también, un fuerte matiz de confesión de fe, de declaración de fidelidad absoluta a Dios. La traducción del principio del versículo 2: «Alma mía, dijiste a Jehová» confunde y esconde ese aspecto confesional y no corresponde ni a las antiguas versiones griega y latina, ni a las mejores entre las modernas. «Alma mía» no está en el texto hebreo y parece haber sido insertado para suplir un sujeto a la forma verbal «amart», que es la segunda persona singular femenina: «tú [fem.] dijiste». Es mejor seguir las versiones antiguas, que dicen «amarti», la primera persona singular: «yo dije o he dicho», lo que requiere el pequeño cambio de añadir (mejor, restaurar) la vocal final y traducir, entonces, el texto como «Yo le he dicho a Jehová». El salmista proclama su lealtad, como la juraría un vasallo a un rey: «Tú eres mi Señor; no hay para mí bien fuera de ti.» El versículo 3 presenta el peor problema del salmo y es difícil de entender lo que significa la traducción de la RVR, sobre todo siguiendo la declaración de fidelidad exclusiva al Señor del versículo primero. Alonso

Schökel (*Salmos* I, 291, 293-294) y otros han sugerido que la palabra «kol» del versículo 3: «toda» en «toda mi complacencia» es un error de copista y que el término original fue «bal», de forma muy parecida en la escritura hebrea. En el versículo 1, «bal» es precisamente la palabra que se traduce «no hay» y, al restaurarla en el versículo 2, podremos leerlo como un rechazo de los dioses paganos —algo sí como «en cuanto a los dioses ("santos") de la tierra, ni ellos ni mis príncipes me complacen», corrigiendo *addiray* por el *addirey* del texto, que no tiene sentido gramatical, y dándole el significado correcto de «noble, magnífico, príncipe» a *addir* en vez de «íntegro» que es como lo traduce la RVR. En este caso, el versículo 4b, continúa naturalmente con una advertencia contra las consecuencias de la idolatría, y un voto de no tomar parte en los sacrificios dedicados a los ídolos, ni jurar en su nombre.

El resto del salmo presenta —como contraste— una serie de imágenes que ilustran los beneficios que el salmista ha recibido del Señor. Los significados están bastante claros, con excepción tal vez de las «cuerdas» del versículo 6. La imagen es la de un reparto de terrenos, y las «cuerdas» son los cordeles con los que el agrimensor ha marcado los lindes de la hermosa heredad que le ha tocado al salmista. En el libro de los Hechos de los Apóstoles, Pedro (Hch 2:25-30) y Pablo (Hch 13:35-37) usan el versículo 10 como parte de un argumento, basado en una cadena de versículos del Antiguo Testamento, para persuadir a sus oyentes de que las escrituras profetizaban la resurrección de Cristo. Las palabras hebreas *kedoshim*, que la RVR traduce por «santos» en el versículo 3 y *jasid*, que la misma versión traduce como «santo» en el 10, no están relacionadas y no deben confundirse. Si le damos a *jasid* uno de los significados que le atribuye el DBHE, es decir «Leal, fiel, amigo, constante, solidario, vasallo, adepto, adicto, partidario, secuaz» veremos, claramente, que en el versículo 10b el poeta, que comenzó el salmo proclamando su lealtad al Señor, se refiere a sí mismo —cosa que corrobora el paralelismo con «mi alma» en el 10.ª El versículo final recapitula el gozo que expresa el salmo: la confianza y satisfacción de un fiel que disfruta las bendiciones de la presencia de su Señor en «la senda de la vida».

Salmo 17

El encabezamiento del salmo 17 lo denomina *tefila*, «oración, plegaria», y en cuanto al género, es un buen ejemplo del salmo de suplica individual, del subgénero «apelación de un inocente acusado». Empieza, en los versículos 1-5, con una invocación al Señor como juez, en la que el acusado llama a su causa «justa» (1) o, como es también posible entender el texto, llama justo al Señor y, al mismo tiempo, declara su propia inocencia, pero sin precisar el delito de que ha sido acusado. En los versículos 6-10, después de una breve referencia a la invocación (6), el salmista pide que Dios le responda —«tú me oirás» (6) debe mejor traducirse «me responderás»— y lo proteja de sus enemigos, a los cuales describe como hostiles usando la misma imagen del león en acecho que se encuentra en el salmo 16. Si leemos las imágenes de los versículos 10 y 14 como descripciones de la actividad hostil de estos enemigos, podemos pensar que se trata de ricos arrogantes, que no se sacian con lo mucho que ya tienen y quieren seguir echándose al vientre todo lo que pueden atrapar. El salmista puede haber planteado ante esto una posición semejante a la de profetas como Amós o Miqueas, defendiendo a los débiles contra las fieras gordas y arrogantes y, por lo tanto, ha sido acusado por los opresores. Como dice en el versículo 15, su fe continúa firme y está seguro del resultado del juicio: «veré tu rostro en justicia», repitiendo la palabra *tsedeq*, «justo, justicia» que en el versículo 1, como ya se ha dicho, puede referirse a la justicia de su causa, a la justicia del Señor, o —ya que se trata de lenguaje poético, en el que la ambigüedad se introduce, frecuentemente, a propósito— a las dos a la vez. Ambigua, también, es la esperanza que expresa el 15b: «estaré satisfecho cuando despierte a tu semejanza». ¿Es aquí, cuando día tras día despierta el fiel a la lucha por la justicia, alentado por la seguridad de la presencia del Señor; o es allá, después del sueño de la muerte? Quizás el salmo nos quiere dejar con ambas posibilidades abiertas.

Salmo 18

Este largo salmo aparece dos veces en el Antiguo Testamento, ya que en forma prácticamente idéntica, constituye el capítulo 22 del segundo libro de Samuel, donde, junto con el poema que constituye el capítulo 23 («las palabras postreras de David»), le da una conclusión poética a la historia de David. Los hechos siguientes están claros: 1) que el nombre de David aparece solamente en el encabezamiento y en el último versículo (2 S 22:51, Sal 18:50); 2) que el largo poema se puede dividir en tres partes principales: 1-19; 20-28; 29-49, a más de las añadiduras editoriales del encabezamiento, el versículo 50 y posiblemente el 30; 3) que la primera y la tercera parte muestran indicios de ser independientes la una de la otra y más antiguas que la segunda; 4) que con el encabezamiento y el versículo 50 tiene características que lo relacionan con la tradición deuteronómica, de la cual provienen los libros de Samuel y Reyes. Sobre esa base se ha llegado a la suposición de que el largo salmo fue compuesto por un editor de la escuela deuteronómica sobre la base de dos poemas más antiguos, que ya la tradición posiblemente atribuía a David, y que fue incorporado en el apéndice a la historia de David que encontramos en 2 Samuel 22–24 y también en el Salterio como el salmo 18.

La primera parte, es decir los versículos 1-19, es un salmo individual de acción de gracias. Este es un tipo de salmo del cual el Salterio contiene más de una docena, y que forma parte, también, de otras obras de la literatura bíblica, ya sea insertado en poemas (Job 33:26-28), o ya en prosa narrativa (Jon 2:2-9 o 2 S 22). El «yo» de esta parte, es decir, la voz que adopta el poeta, puede ser cualquier creyente que le da gracias al Señor por haberle librado de un gran aprieto; es decir, que no tiene necesariamente que ser un rey. Los versículos 1-3 invocan al Señor con una serie de imágenes provenientes del vocabulario de la defensa militar: fortaleza, roca, castillo, libertador, escudo, fuerza, refugio. «Invocaré a Jehová» dice el salmista, «y seré salvo de mis enemigos». Las expresiones con las que el salmo se refiere a los enemigos en los versículos 4 y 5: «lazos de la muerte», «torrentes de la destrucción» (*Belial* en hebreo), «lazos del seol», «redes de muerte», aluden a la antiquísima tradición según la cual todos esos nombres se refieren al adversario del dios que se manifiesta como un guerrero en la tormenta. El salmo tiene un eje vertical, que se extiende desde «su Templo» (6), «los cielos» (9,13), «lo alto», donde reside el Señor, hasta «los cimientos de los montes» (7), «los abismos de las aguas» (15), «los cimientos del mundo», «las muchas aguas», donde el poeta se halló aprisionado. El Señor desciende a liberarlo a lo largo de ese eje, en una de las teofanías más imponentes de la poesía bíblica, que lo describen con imágenes alusivas de una tempestad violenta (nubes, oscuridad, truenos, relámpagos, granizo, viento), lanzando sus saetas mientras cabalga sobre un querub, uno de los seres guardianes que, por primera vez, aparecen en el Antiguo Testamento vedando la entrada al huerto de Edén (Gn 3:24), y cuyas imágenes en madera de olivo dorada flanqueaban el Arca en el Templo. Textos como 1 Samuel 4:4 y 2 Samuel 6:2 se refieren al Señor con el antiquísimo título de «Jehová de los Ejércitos [*Sabaoth*], el que se sienta entre [o sobre] los querubines», epíteto usado especialmente en relación con el Arca. Ni los enemigos, ni el combate mismo, reciben tanta atención, pero el resultado es la victoria del Señor y la liberación del prisionero: «Me sacó a lugar espacioso; me libró, porque se agradó de mí» (o «me quiere»).

La segunda parte, versículos 20-28, difiere de la primera, sobre todo, en cuanto a la razón por la cual el Señor ha librado al poeta. En la primera parte, el salmista atribuye la actuación del Señor a una relación de amor mutuo: «Te amo, Jehová, fortaleza mía» (1); «me libró, porque me quiere» (19). El versículo 20, sin contradecir esa razón, introduce otra, enraizada en la tradición Deuteronómica: «Jehová me ha premiado conforme a mi justicia», la que repite, en varias formas, hasta el 24: «me ha recompensado

Jehová conforme a mi justicia, conforme a la limpieza de mis manos delante de sus ojos». Si el versículo 29 y el 30 cambiaran de lugar encajarían perfectamente al final y al principio de sus respectivas nuevas secciones. Puede ser que hayan sido trocados por el editor, para conectar la segunda y la tercera partes.

La tercera parte del salmo (versículos 29-49) es, como la primera, un himno de acción de gracias, pero, en este caso, la voz que oímos es la de un guerrero humano, posiblemente un rey, celebrando victorias sobre sus adversarios y hasta haber sido «hecho cabeza de las naciones» (43) con la ayuda del Señor, «el Dios que venga mis agravios y somete pueblos debajo de mí» (47). El salmo expresa un sentimiento exclusivista en contra de los enemigos destruidos cuando dice, en el versículo 41: «Clamaron, y no hubo quien salvara; aun a Jehová, pero no los oyó».

El versículo 50 expresa el interés en la descendencia de David que ya en los comienzos del período posexílico iba constituyendo el ideal mesiánico.

Salmo 19

El salmo 19 es uno de los tesoros literarios y espirituales del Salterio. En cuanto al género, es un himno de alabanza a Dios. Algunos han sugerido, dada la aparente diferencia de tema entre los versículos 1-6 y el resto del salmo, que se trata de dos poemas, o de partes de poemas distintos, combinados por algún editor. Tal sugerencia no parece ser necesaria, y lo que es peor, esconde el impacto poético de la yuxtaposición de la primera parte con lo que sigue.

Podemos considerar los versículos 1-6 un prólogo al salmo, cuyo tema es la gloria de Dios, manifestada por medio de elementos de la creación a la vez ubicuos y misteriosos: los cielos, el firmamento, la sucesión de días y noches, la expansión del mundo. El trasfondo de todo esto es una narración de la creación tal como la del Génesis 1, con un énfasis especial en la idea de que esos elementos están comunicando la gloria de Dios constante y efectivamente, pero sin lenguaje, ni palabras, ni voz —es decir, en formas en las que el ser humano solamente podrá comenzar a comprender en los idiomas del arte y de la ciencia. El ejemplo que sigue es el del sol, cuyo aparente curso diario a través de los cielos se expresa, en el idioma del arte poético, en metáforas y en una descripción de su efecto maravilloso e incomprensible: el sol es como un esposo recién casado que se regocija al salir de su alcoba nupcial, o como un atleta o campeón (mejor traducción de *gibbor* que «gigante») que corre sin desmayo su pista diaria, y «nada hay [en su trayecto universal] que se esconda de su calor».

En el versículo 7 y los siguientes, el salmo presenta otra forma de comunicación en la que el ser humano puede encontrar la «gloria de Dios» que es el mensaje de la creación: la «ley [Torá] de Jehová».

La yuxtaposición de la Torá con la imagen del sol, glorioso y potente, calentando maravillosa y misteriosamente el mundo entero, es importante. El salmista no describe, ni menos trata de explicar con argumentos racionales, la grandeza de la Torá. Lo que sigue en los versículos 7-10, pudiera llamarse una aretalogía, es decir, una lista de las virtudes y hechos de un héroe o de un dios —género poético bien conocido en el mundo antiguo. En este caso, es una lista breve, muy compacta y esquemática, de nombres o títulos de la Torá, cada uno seguido por un adjetivo adecuado y por la mención de uno de los maravillosos y misteriosos efectos de la Torá. Así, en el versículo 7, «la ley [Torá] de Jehová» se califica como «perfecta» y (traduciendo mejor que la RVR, cuyo «convierte el alma» se basa más en la Vulgata latina que en el texto hebreo) «devuelve el aliento». Y la serie continúa con otras cinco cláusulas paralelas, en las cuales a la Torá se le dan los nombres de «testimonio, mandamientos, precepto, temor, juicios» del Señor con las cualidades de ser respectivamente «fiel, rectos, puro, limpio, verdad» y, doblando la última, «todos justos». La última cláusula introduce la bella imagen doble que declara que los «juicios de Jehová», es decir, la Torá, son «deseables... más que el oro, más que mucho oro refinado y dulces más que la miel, la que destila del panal». Así, no solamente se expresa poéticamente el valor precioso de la Torá, sino que se hace con palabras que, si prestamos atención al color del oro y de la miel, nos traen a la mente el sol glorioso y cálido de los versículos 5 y 6. En el versículo 11, el salmista, todavía hablando de «los juicios de Jehová», cambia el enfoque al efecto que producen en su vida espiritual: «tu siervo es, además, amonestado con ellos; en guardarlos hay gran recompensa». El salmo concluye en esa voz, pero en el versículo 12 pasa de la descripción a la plegaria. El salmista reconoce que su mente misma es un misterio, pues «¿Quién puede discernir sus propios errores?», y le ruega al Señor que lo libre de sus errores ocultos y del efecto de su propia insolencia y presunción («soberbias» en el 13). El salmo concluye con uno de los versículos más familiares de todo el Salterio, dado su frecuente uso litúrgico antes de la predicación. Una traducción mejor de la frase «la meditación de mi corazón» sería: «la meditación de mi mente».

Salmo 20

En lo que a su contenido se refiere, este salmo se puede clasificar, sin duda, como una bendición al rey, en forma de una plegaria a Dios para que le dé la victoria en el campo de batalla. El salmo incluye cuatro formas derivadas de la raíz *ysh'*, que la RVR traduce como «salvación» en el versículo 5, «salva» en el 6a, «salvadora» en el 6b, y «salva» en el 9. Para no diluir el impacto del poema, sería mejor, haciendo uso de otro significado que también tiene esa raíz, traducir «victoria», «da victoria», «victoriosa» y «da victoria», respectivamente. Este salmo, como el que le sigue, que parece celebrar la victoria que éste pide, es, por tanto, un salmo real. Lo que no está tan claro es el contexto histórico, es decir, si estos salmos fueron compuestos en la corte preexílica de Jerusalén, o si son productos de una era posterior, cuando el regreso al trono del ungido («mesías», véase el versículo 6) vino a ser el centro de la esperanza religiosa y política del pueblo de Israel.

El primer verbo del salmo, que la RVR traduce «te escuche» (y también «lo oirá» en el 6b), se debe traducir «te responda» (y «le responderá»), y tanto a éste, como a los otros verbos de los primeros cuatro versículos, sería mejor darles la forma en español que mejor expresa su modo subjuntivo (yusivo): «Que Jehová te responda», etc. La congregación le desea al rey que el Señor le responda, acepte sus sacrificios y le ayude a ganar la victoria. Contra las armas de guerra del enemigo («carros» y «caballos» en el versículo 7), ellos confían en «el nombre de Jehová, nuestro Dios» para resistir y vencer.

El versículo 9 termina el salmo con una petición, que es mejor traducir como: «¡Dale la victoria al Rey, Señor, para que nos responda en el día que lo invoquemos!».

Salmo 21

Se puede clasificar este salmo como un «salmo real de acción de gracias», y el tema de esa acción de gracias es la victoria que el Señor gana y le concede al rey sobre sus enemigos. Se hace bien claro esto si traducimos —como es posible y, en este caso, más correcto— *yeshua'* como «victoria» en vez de con «salvación», como lo hace la RVR en los versículos 1 y 5. Aquí, como en el salmo anterior y en otros como el 2 y el 110, se elabora el tema arriba mencionado, uno de los temas centrales de la ideología monárquica del antiguo Israel, que tiene paralelos en otras culturas vecinas del mundo antiguo.

El salmista se dirige al Señor (y, como se nota por el uso del plural en el último versículo del salmo, lo hace en nombre de la congregación) y, en la primera estrofa (versículos 1-7), le comunica la gratitud y la alegría del rey por su victoria.

En la segunda estrofa (versículos 8-12), el poeta canta de la saña del Señor contra sus enemigos, usando imágenes poderosas y violentas: los hará arder como el fuego de un horno hasta consumirlos (9), o los pondrá en fuga en la batalla al apuntarles, confrontándolos, sus arqueros (12, reconociendo, en este caso, la sinécdoque que es «cuerdas»: el texto hebreo no dice nada de «saetas»). Esta estrofa plantea el serio problema teológico que este salmo, entre otros, les presenta a sus intérpretes. Si los enemigos humanos de un rey o de una nación se identifican, sin más, como enemigos del Señor, sobre los cuales —y sobre «su descendencia... entre los hijos de los hombres» (10)— el Señor derramará su ira destructora, el Señor se reduce a ser un dios nacionalista, partidario de un solo pueblo, y su victoria se hace problemática al convertirse en salvación de una sola nación, y condena para todas las otras. Por supuesto que las tradiciones judía y cristiana han buscado formas alternas de leer este tipo de texto, sobre todo, con interpretaciones mesiánicas y/o apocalípticas. Pero el problema queda.

El salmo termina (13) con una breve exhortación al Señor: «¡Engrandécete [mejor: álzate, levántate], Jehová, en tu poder!»; y, en un gesto elegante, con la promesa que cumple cada lector del salmo: «¡Cantaremos y alabaremos tu poderío!».

Salmo 22

El encabezamiento editorial, además de llamar al salmo «de David», añade «sobre *Ajelet-sahar*» (mejor: *Ayyelet ha-shshajar*). No cabe duda de que este nombre significa «la cierva del alba»; lo que no sabemos es a qué se refiere. Es posible que sea el título de una melodía o modo tonal con la que se le recomienda al director que se cante el salmo; pero hay otras posibilidades. El salmo es un buen ejemplo del género «queja de un individuo» y dos de los Evangelios (Mt 27:46 y Mc 15:34) ponen la primera línea del salmo en labios de Jesús en la cruz, aunque la citan en una mezcla de hebreo y arameo. No solamente esa cita, sino otros elementos de la historia de la Pasión en los Evangelios muestran la influencia que tuvo el salmo 22 en la formación de esta parte esencial del mensaje cristiano (Véanse, por ejemplo, Mt 27:35, Mc 15:24, Lc 23:24 y Jn 19:23-24, que citan o aluden al versículo 18 de este salmo). Jesús en la cruz es, para estos tempranos autores, el prototipo del inocente acosado por las fuerzas brutales del opresor, que clama a Dios desde el más profundo sufrimiento.

El salmo tiene los elementos usuales del género al que pertenece: la invocación a Dios, la queja, la afirmación de confianza en Dios, la petición de ayuda, la promesa de alabanza y el himno de acción de gracias y alabanza en la congregación. El arte y la imaginación del salmista les dan a estos elementos formas que se destacan entre las más impresionantes del Salterio.

La invocación se mezcla con la queja en los versículos 1 y 2, y toma un tono de urgencia con el uso repetido, no del nombre o de un título (*YHWH* o *'elohim*), sino de un término que le da énfasis a la relación personal entre Dios y el orante: «Dios mío, Dios mío [*'eli, 'eli*]». La queja del salmista se hace apremiante: «¿por qué me has desamparado?» y en su urgencia llega a reprochar a Dios por no escucharle y aliviar su aflicción: «Dios mío, clamo de día y no respondes; y de noche no hay para mí descanso». El reproche se modera, como es común en salmos de este género, con una profesión de confianza en Dios (versículos 3-5). El poeta lo llama «santo» y el «que habita... entre las alabanzas de Israel», y afirma que «en ti confiaron [mejor traducción de *bateju* que ‹esperaron›] nuestros padres, confiaron y tú los libraste» (4).

La situación del salmista es tal que, a pesar de la memoria de lo que Dios ha hecho por sus antepasados y por él mismo (versículo 9), y de la confianza que profesa en Dios, los conflictos y los ataques continúan. Como es costumbre en estos salmos de queja individual, los enemigos o las aflicciones que causan la queja no se nombran explícitamente, sino que se usan metáforas que permiten darle aplicación al salmo en circunstancias diversas. Ya en el versículo 6, el salmista nos da un indicio de algo de lo que se propone, al llamarse «gusano, y no hombre» a sí mismo, y en el 12, 13, 16a, 20 y 21 continúa con las imágenes de animales con su lista de enemigos bestiales: toros, leones, perros y toros salvajes. Con esas imágenes de ser acosado por fieras, mezcla las de estar enfermo de muerte (14, 15, 17) y las de sufrir un ataque y despojo por parte de una banda de malhechores en el 16b, c, 18, 20. Lo peor de todo parece ser el desprecio y la burla de otros: «todos los que me ven» (7) y la mofa con la que lo atacan, al mismo tiempo que ponen el dedo en la llaga de la duda que, a veces, lo tortura: «Se encomendó a Jehová, líbrelo él; sálvelo, puesto que en él se complacía».

El salmo termina, como es típico de este género, con una promesa de alabanza y el himno de acción de gracias y alabanza en la congregación, que se combinan en los versículos 22 al 31, y que toman un cariz que podríamos llamar escatológico, cuando alude al gran festín en el cual humildes (26) y poderosos comerán —y no solamente la descendencia de Jacob/Israel (23), sino «todos los confines de la Tierra, y todas las familias de las naciones [*goyim*, "gentiles"]» adorarán al Señor (27), «porque de Jehová es el reino y él regirá las naciones».

Salmo 23

El vigor poético y la simple gracia de las imágenes con las que el salmista compuso este salmo es tal, que aun en traducción, el salmo 23, un «salmo de confianza en Dios» es el salmo por excelencia, favorito de lectores de muchas culturas y lugares. El poeta adopta tres voces en el breve salmo: 1) la oveja en el rebaño del buen pastor (versículos 1-4), que comienza dirigiéndose a su audiencia pero en el versículo 4 se dirige a su pastor; 2) el huésped que se dirige a su anfitrión generoso (5); y 3) el «yo» que se dirige, directamente, al lector o a la congregación para expresar su confianza en el Señor (6).

Como oveja del rebaño, el salmista declara su certidumbre de que su pastor le dará todo lo que necesita: reposo en pastos de hierba fresca y junto a aguas quietas; que le hará volver el aliento («confortará mi alma») y que lo guiará por sendas justas, correctas, «por amor de su nombre» —es decir, como sugiere Alonso Schökel en DBHE, «haciendo honor a su título» (de pastor). También le dará protección y, con esto, llegamos al versículo 4, y al problema más interesante en la traducción de este salmo. *Tsalmavet*, el vocablo hebreo que tantos (incluso la RVR) traducen «sombra de muerte», es una palabra que aparece solamente dieciocho veces en el texto hebreo y, lo que es más importante, siempre en contextos poéticos —sobre todo en Job (diez veces). Las otras ocho se reparten entre los Salmos (4, contando el 23:4), Jeremías (2), y sendos casos en Amós y en el Segundo Isaías. Podemos suponer que siempre haya sido una palabra del vocabulario elevado que tiende a usar la poesía, más semejante a «lobreguez» que a «sombra» en el español. La palabra original debe de haber sido pronunciada *tsalmut*, pero los escribas que le añadieron las grafías que representan las vocales al texto hebreo la leyeron como combinación de *tsal* «sombra» y *mavet*, «muerte», tornando el «valle lóbrego» del salmo original en el «valle de la sombra de muerte» de tantas traducciones.

Como huésped, el salmista agradece al Señor su generosa hospitalidad: le tiende un festín («aderezas mesa delante de mí»), aun cuando sus enemigos («angustiadores») están presentes. Como buen anfitrión, el Señor le unge la cabeza con aceite perfumado, una de las acciones con las que se honraba a un huésped (véase Lc. 7:44-47, donde Jesús menciona, también, el beso y el lavado de pies) y le mantiene llena la copa.

Tanto el bien como la leal misericordia del Señor, termina el salmista en el 6, lo seguirán —pero el verbo hebreo significa algo más activo, literalmente, «lo perseguirán»— durante su vida entera. «En la casa de Jehová» se ha interpretado en muchas ocasiones y, sobre todo, en servicios funerales en los que este salmo se usa frecuentemente, como una referencia a la morada celestial. Es mucho más probable que en su contexto original el salmista se refiriera al Templo, y a su esperanza de una vida, que si no libre de valles oscuros y de adversarios, podría siempre contar con la providencia y protección del buen pastor.

Salmo 24

No es difícil clasificar este salmo como una «liturgia de entrada», especialmente prestándoles atención a las dos series de preguntas y respuestas de los versículos 3-4 y 8-10. Lo que se hace más difícil es precisar el contexto de tal liturgia. ¿En el primer Templo o en el segundo? ¿En la sinagoga temprana? ¿En la imaginación del poeta? ¿Fue parte de un rito procesional del Arca? ¿Hubo o no tal rito? Todas estas preguntas, y más de la misma índole, se han presentado en los estudios y comentarios modernos. El hecho de que no les podamos dar una respuesta definitiva no impide que todavía hoy podamos captar el poder poético de este salmo.

El salmo se divide naturalmente en tres partes. La primera, es decir los dos primeros versículos, es una escueta pero monumental afirmación de la soberanía absoluta que ejerce el Señor sobre «la tierra y su plenitud, el mundo y los que en él habitan». La base de esta soberanía es la creación y, en el versículo 2, podemos oír un eco lejano de la historia sacerdotal de la creación en Génesis 1 y, tal vez, uno aun más remoto de los mitos de «creación por combate» del Oriente Medio antiguo, en los cuales las aguas caóticas del océano (¡y también de los ríos!) representan el enemigo que el guerrero divino vence, divide y controla para llevar a cabo la creación del mundo.

La segunda parte (versículos 3-6) pertenece al mismo género que el salmo 15, al cual, como se ha dicho, se puede llamar una «instrucción moral en forma de liturgia de entrada en el santuario». Si comparamos el 15:2-5 con el 24:4, veremos las claras semejanzas entre los catecismos morales que los dos salmos ofrecen como respuestas a la pregunta básica: ¿quién podrá entrar al santuario? La mayor diferencia que puede haber entre las dos listas, más allá de que la del salmo 15 es más larga que la del 22, es que el 22:4 incluye «que no ha elevado su alma a cosas vanas» entre las virtudes del que puede entrar al santuario. La expresión «cosas vanas» (*shav'* en hebreo) puede referirse a mentiras o calumnias, pero también puede tener el sentido de «magia» y hasta de «idolatría».

La última sección del salmo (versículos 7-10) es la liturgia de entrada del Señor en su Templo, y es lo que varios han interpretado como evidencia de que sirvió en un tiempo como parte de un rito celebrado cuando el Arca, habiendo estado en procesión, volvía al santuario. Sin tener que adoptar esa interpretación, que no se basa en evidencia muy firme, observemos que el poema, volviendo a la actitud de los versículos 1 y 2, presenta al Señor como el «Rey de gloria» (o mejor, «Rey glorioso»), título que repite cinco veces. Las puertas monumentales del Templo se abren para recibir al guerrero divino victorioso, y el salmo termina dándole el antiquísimo título asociado con el Arca «Jehová de los ejércitos» (*YHVH tseba'ot*). Es muy sugerente que el salmo incluye, dentro de un marco de imágenes ya antiguas —casi diríamos arcaicas— en el tiempo del salmista, imágenes del Señor como creador y como guerrero, y centro de doctrina moral para quienes buscan su rostro. El verdadero súbdito del Rey glorioso es «el limpio de manos y puro de corazón, el que no ha elevado su alma a cosas vanas, ni jurado con engaño». Amós y Miqueas, entre muchos otros, hubieran estado de acuerdo.

Salmo 25

Lo primero que podemos observar, en cuanto a la forma de este salmo, es que es un acróstico sobre el alfabeto hebreo. El acróstico es un elemento formal que se encuentra sobre todo en la literatura sapiencial del Antiguo Testamento. Aunque el salmo también tiene ciertas características de una queja congregacional —Gerstenberger, por ejemplo, lo califica de «Congregational Complaint»— su tono sosegado y didáctico, y su semejanza en parte al estilo del *mashal* o proverbio (por ejemplo, los versículos 8-10, 12-14) indican que esa clasificación necesita modificarse. Alonso Schökel, confesando que lo que dice no es más que una «imaginación plausible», pero sin posibilidad de verificación, se imagina al autor como un maestro que «compone una oración "escolar", que los alumnos podrán memorizar fácilmente gracias al recurso alfabético» (*Salmos* I, 418).

El salmo se queja, aunque de manera atenuada y sin mucha elaboración, de los «enemigos» que son un elemento de rigor en este género (versículos 1b, 19). Lo que ruega el salmista, más que el rescate de sus enemigos, es instrucción en el camino del Señor y perdón de sus pecados. Más que el rey, o el juez, o el guerrero de otros salmos, la imagen que el poeta tiene en mente al hablar del Señor es la de un maestro: «Bueno y recto es Jehová; por tanto, él enseñará a los pecadores el camino. Encaminará a los humildes en la justicia y enseñará a los mansos su carrera» (8,9). En vez de aniquilar a los pecadores, el Buen Maestro les enseñará el camino, juntamente con los humildes y los mansos. El salmista se incluye entre los pecadores (7, 11, 18b) al pedir al Señor que lo perdone —una actitud muy diferente de la de otros salmos (por ejemplo, el salmo 7 o el 26) que declaran la inocencia del poeta frente a la culpa de sus adversarios.

El versículo que concluye el salmo (22) cae fuera del acróstico, que termina con el 21 y, por otro lado, no parece ser parte del poema, ya que introduce abruptamente a Israel, que el salmo, por otra parte, no menciona. Gerstenberger sugiere que es un colofón que contiene un juego de palabras con el cual el poeta «firma» su obra: las primeras dos palabras del versículo (*pedeh 'elohim*, «redime, Dios») forman un nombre hebreo, Pedael, que lleva un miembro de la tribu de Naftalí (en Nm 34:28) y seis otros individuos llevan en la forma alterna Pedaías («redime, Señor»). Pedael puede haber sido, también, el nombre de nuestro poeta.

Salmo 26

Siguiendo con la serie de salmos llamados «de David», el 26 es otro ejemplo del género de la plegaria del inocente acusado (véanse, por ejemplo, los salmos 7 y 17). La primera petición del salmo, «Júzgame, Jehová» (1), anuncia su tono: el acusado se sabe inocente y se somete sin temor al juicio del Señor, cuyo veredicto, seguramente, lo ha de exonerar. Esta petición se repite con otros tres verbos en el versículo 2: «escudríñame... pruébame... examina mis íntimos pensamientos y mi corazón». La última frase es difícil de traducir, ya que el hebreo dice, literalmente, «funde [derrite] mis riñones y mi corazón», con el sentido de «analiza mis entrañas y mi mente». El versículo 4 es una confesión negativa que respira la misma atmósfera que el primer versículo del salmo 1: el salmista declara que no ha tenido tratos con hipócritas, ni con los que tienen algo que esconder, ni con malos ni con impíos. Y, como siempre en este tipo de salmo, no nos dice más sobre la identidad de tales adversarios —si es que quiso dirigir su rechazo contra un grupo definido, lo que no es necesariamente el caso. Los versículos 6-8 han hecho pensar a algunos que el acusado es un sacerdote o un levita y que un veredicto de inocencia (¿de qué delito?) le devolvería su derecho a tomar parte en los sacrificios y otros rituales del santuario. Es posible; pero no debemos olvidar que estamos leyendo una obra poética y que este salmo, como muchos otros, puede servir como plegaria a muchos inocentes falsamente acusados en muy diversos tiempos y circunstancias.

El salmo termina (11, 12) con un voto de constancia en la integridad y, como es costumbre, de alabanza al Señor: «En las congregaciones (o ‹asambleas›) bendeciré a Jehová».

Salmo 27

Si le damos atención a la estructura del salmo podemos, con críticos como Gerstenberger, clasificar este salmo entre los de «queja individual». Mirando más al contenido, Alonso Schökel lo llama un «salmo de confianza», y añade que es «muy bello y muy especial» (*Salmos* I, 438). No solamente bello y especial, sino uno de los salmos favoritos de fieles lectores que ponen sus primeras palabras: «Jehová es mi luz y mi salvación, ¿de quién temeré? Jehová es la fortaleza de mi vida, ¿de quién he de atemorizarme?» en el mismo nivel con «Jehová es mi pastor, nada me faltará» (23:1). Como el 23, otro de los «salmos de confianza», el salmo 27 no comienza con una invocación, ni menos quejándose de la ausencia del Señor, sino con una luminosa afirmación de su presencia en la vida del salmista (1).

No es decir, por supuesto, que los enemigos no estén presentes. En el versículo 2, por ejemplo, como un eco leve de las metáforas de leones rugientes y perros salvajes que los describen en otros salmos, el salmista dice «se juntaron contra mí... para comer mis carnes». Y en el versículo siguiente, son un ejército acampado contra el creyente. Lo que se destaca en este salmo es que los enemigos se pintan con colores desteñidos —compárese, por ejemplo, la variedad de imágenes impresionantes que usa el salmo 22 para describirlos a ellos y a sus malvadas acciones. Es como si en la mente del poeta del salmo 27 ya hubieran pasado a un segundo plano. Lo que ocupa, gloriosamente, el primer plano en este salmo es la confianza y la seguridad de la bondad y de la protección del Señor. Por esto, sus imágenes más vívidas son las que representan esa certidumbre: «mi luz y mi salvación... la fortaleza de mi vida» (1); «que esté yo en la casa de Jehová... para contemplar la hermosura de Jehová y para buscarlo en su Templo» (4); «él me esconderá en su Tabernáculo... me ocultará en lo reservado de su morada; sobre una roca me pondrá en alto» (5). Tal vez la figura más memorable —en este caso, una hipérbole —sea la del versículo 10: «aunque mi padre y mi madre me dejen, con todo, Jehová me recogerá».

Las peticiones del salmo incluyen, además de protección contra los adversarios, la ya mencionada acogida en «la casa de Jehová», la relación continuada con el Señor: «Tu rostro buscaré, Jehová; ¡no escondas tu rostro de mí!» (8, 9) y la instrucción divina: «Enséñame, Jehová, tu camino y guíame por senda de rectitud a causa de mis enemigos» (11).

En el versículo 6, un voto de alabanza, se hace necesario aclarar que la expresión «sacrificios de júbilo» significa, literalmente, «sacrificios de gritos de júbilo», y que el paralelismo con lo que sigue, «cantaré y entonaré alabanzas a Jehová» pone en claro lo que significa. Es posible, dado esto, que el autor haya sido un levita, que promete alabar al Señor en el Templo («su Tabernáculo») con los himnos y salmos que eran parte de sus funciones. Por supuesto que en un contexto congregacional, ya judío o cristiano, la imagen de estos sacrificios de alabanza toma un significado más amplio.

El salmo termina con una hermosa expresión final de confianza, en la cual el salmista reitera su certeza: «Hubiera yo desmayado, si no creyera que he de ver la bondad de Jehová en la tierra de los vivientes» —es decir, en esta vida. Quien puede hablar con esa fe, termina diciendo el salmo en uno de los versículos más memorables del Salterio, el 14, «aguarda a Jehová» y «espera a Jehová». Estas dos frases que la RVR traduce de estas dos maneras, son exactamente la misma frase en hebreo, repetida al principio y al final del versículo. El verbo que se traduce «aguarda» y «espera» (*qavveh*) significa esperar activamente, en tensión y anticipando, y no una esperanza pasiva. La frase y su recaída final enmarcan otra frase, que trae a la mente el consejo que Moisés le da a Josué (usando exactamente los mismos verbos) en Deuteronomio 31:23: «¡esfuérzate y anímate!». Éste es el consejo que la fe experimentada le puede dar a la fe neófita.

Salmo 28

El 28 es otro de los salmos que se clasifican como «queja individual». No debemos olvidar que, si bien la voz que habla en el salmo está en la primera persona del singular —y, por lo tanto, lo llamamos «individual»— eso no impide que el salmo haya sido usado desde el principio como parte de una liturgia congregacional. El tema es el ya familiar de petición de amparo contra enemigos malignos y bendición al Señor por su protección. Como varios otros salmos semejantes, en el 28 se respira el ambiente del Templo o de su clase sacerdotal o levítica. En el versículo 2b, por ejemplo, donde la RVR traduce «cuando alzo mis manos hacia tu santo Templo», el texto hebreo se expresa más específicamente: «hacia tu Lugar Santísimo» ('*el devir qodshekha*), es decir, hacia el recinto más recóndito del Templo, vedado a todos, excepto al Sumo Sacerdote, donde moraba el Arca del Pacto.

En este salmo en particular, la caracterización de los malvados es tal que podemos sospechar que no son naciones extranjeras, ni enemigos declarados, ni criminales o malhechores públicos, sino presuntos compañeros que «hablan paz con sus prójimos, pero la maldad está en su corazón» (3b). El destino de estos hipócritas está sellado: el salmista le pide al Señor que les dé la recompensa que se merecen: «Dales conforme a su obra... dales su merecido conforme a la obra de sus manos» (4). El salmo alude al delito que han cometido en términos generales: «no atendieron [o "no hicieron caso"] a los hechos de Jehová ni a la obra de sus manos» (5). El uso de palabras similares en Isaías 5:12, donde el profeta condena a los ricos egoístas y sibaritas, tal vez nos dé una pista. En todo caso, el salmista no quiere ser confundido con ellos: «no me arrebates juntamente con los malos y con los que hacen iniquidad» dice en el versículo 3, seguro de que los malvados van sin remedio a su perdición.

El salmo termina con una breve y sentida alabanza del Señor (versículos 8-9), en la que predominan las imágenes de defensa en tiempo de guerra, que son comunes en estos salmos: fortaleza, escudo, refugio salvador. En el versículo 8, la mayoría de las traducciones siguen la pauta de la Septuaginta, que dice: «Jehová es la fortaleza de su pueblo (*tou laou autou*)» en vez de lo que dice el hebreo, que es «Jehová es una fortaleza para él». Es posible que el texto hebreo masorético haya perdido una letra, pues dice *lamo* donde el texto hebreo que tradujo la Septuaginta dijera *la'amo*. El último versículo le dirige al Señor una emotiva súplica por la salvación del pueblo y de la nación, y termina haciendo eco del mismo sentimiento que encontramos en el salmo 23: «pastoréalos y susténtalos para siempre».

Salmo 29

Este salmo se puede incluir dentro de la categoría de los himnos, pero en cierto sentido es una composición que no encaja completamente dentro de las normas de ese género. Como muchos de los himnos, el salmo 29 manifiesta fuertes raíces en la antigua tradición poética cananea. El salmo en su forma final puede provenir del tiempo posexílico, pero el poeta, en todo caso, usa temas e imágenes en las cuales, hoy, reconocemos semejanzas con la epopeya de Ugarit. Al mismo tiempo, y diferenciándose en esto de la mayor parte de los himnos del Salterio, este salmo no miente en la actuación de Dios en la historia salvífica de Israel.

El salmo comienza de manera insólita, dirigiendo su petición de alabanza, no a la congregación humana, sino a un grupo que el texto hebreo llama *beney 'elim*, es decir, en hebreo bien claro, «hijos de Dios» o «seres divinos» («hijos de dioses»). La RVR («hijos de los poderosos», versículo 1) sigue una tradición de traducción española que se remonta, por lo menos, a Casiodoro de Reina, cuya primera Biblia, llamada «del Oso» (Basilea, 1569), rechaza la traducción literal —seguramente, por sus implicaciones de politeísmo— a favor de usar una acepción secundaria de *'elim* para traducir «oh hijos de fuertes». La corte celestial, donde Dios se sienta en su trono en medio de sus ministros —y, a veces, confronta a sus adversarios— es uno de los temas tradicionales de la poesía cananea cuyas huellas encontramos en este salmo entre varios otros, y en otros libros del Antiguo Testamento, como, por ejemplo, Job. La interpretación alterna, que hace de los *beney 'elim* siervos de Dios, pero sin el rango propiamente divino, ya la tiene la versión aramea (el *Targum*), que aquí traduce «banda de ángeles».

Los versículos 1 y 2, junto con 9b, 10 y 11, forman una especie de marco para el resto del salmo. Es como si constituyeran un poema corto, que el poeta dividió, para insertar el resto de la composición, los versículos 3-9a. Esto se puede ver si saltamos del versículo 2, «Dad a Jehová la gloria debida a su nombre; adorad a [lit., "postraos ante"] Jehová en la hermosura de la santidad [o mejor, con la pequeña corrección al texto que sugiere DBHE, "en el atrio santo"]» directamente al 9c: «En su Templo todo proclama su gloria». La palabra que aquí la RVR traduce «Templo» significa, también, «palacio», y nos lleva a la imagen del Señor sentado en su trono celestial que expresa el versículo 10. En éste, sólo tenemos que recordar que *mabbul*, la palabra que la RVR traduce «diluvio», tiene el significado más amplio de las aguas del gran océano cósmico que Dios domina y divide en la creación y sobre el cual establece su trono en gloria. Podríamos traducir el versículo 10 diciendo: «Jehová se asienta en el diluvio; se asienta Jehová como rey para siempre».

Dentro del marco que forman estos versículos se encuentra una descripción poética majestuosa de una tempestad violenta, que es, al mismo tiempo, una teofanía del Señor en carácter del dios de la tormenta. La maestría del poeta se demuestra en el uso de la frase «voz de Jehová» con el significado de «trueno» (nos hace saber la equivalencia en el versículo 3) como una sinécdoque doble, del Señor y de la tormenta. El poema usa la frase siete veces (versículos 3, 4a y b, 5, 7, 8, 9), siete truenos en anáforas que le dan estructura y movimiento al salmo. El primero (3), como se ha dicho, introduce la «Voz de Jehová sobre las aguas. ¡Truena el Dios de gloria: Jehová sobre las muchas aguas!». Las aguas son, a la vez, el Mar Mediterráneo, de donde se anuncia con truenos la aparición de la tormenta, y el gran océano, el *mabbul*, sobre el cual el Señor afianza su trono, después de haberlo conquistado, como ya hemos visto (versículo 10). El versículo 4 nos deja oír dos truenos que describen, en rápida sucesión, el fenómeno de la «Voz de Jehová», el primero con «potencia», el segundo con «gloria» (pero sería mejor traducir *hadar* como «esplendor»), lo que sugiere que el poeta alude al rayo y al relámpago. El cuarto trueno (5) coloca la tempestad tierra adentro, en las montañas del Líbano y el Anti-Líbano (Sirión), situadas al norte del territorio tradicional de Israel. Allí, la tormenta despedaza los famosos cedros y hace saltar las montañas mismas como si fueran becerros, o crías de ganado salvaje. Súbitamente, la tempestad se desplaza hacia el extremo sur del mapa de Israel, al desierto de Cades (*Kadesh*), un oasis en el norte de la península del Sinaí. El quinto trueno (7) introduce, de nuevo, relámpagos, «llamas [o mejor, chispas] de fuego», seguido por el sexto (8), que hace retemblar el desierto mismo. El último «trueno» (9) se puede traducir en la forma en la que la RVR y casi todas las otras traducciones lo hacen, gracias a pequeñas enmiendas para hacerlo hablar de desgajar encinas y desnudar bosques, pero el texto hebreo se presta mejor a una traducción como la de Trebolle Barrera y Pottecher, «la voz del Señor hace parir a las ciervas / provoca el parto prematuro a las ovejas [o mejor, cabras]», más correcta desde el punto de vista lingüístico y literario, pero, ciertamente, de menos utilidad litúrgica.

En la primera parte del versículo 10, como hemos visto, el Señor, habiendo demostrado su predominio, se sienta victorioso en su trono sobre el *mabbul*, «como rey para siempre». Los dos verbos del último versículo se pueden, y se deben, leer como subjuntivos yusivos, es decir, que expresan el deseo o plegaria de «que Jehová le dé poder a su pueblo; que Jehová bendiga a su pueblo con paz».

Salmo 30

La RVR omite el encabezamiento, que dice «Un salmo. Canto de la Dedicación del Templo. De David». Por buenas razones, se puede sospechar que las palabras «Canto de la Dedicación del Templo» fueron insertadas en la frase frecuente «Salmo de David», aun después de que el encabezamiento fuera añadido al salmo. El salmo no tiene nada que ver con la dedicación del Templo, pues es un salmo de acción de gracias de alguien que ha sanado de una enfermedad grave. Por supuesto, David tampoco tuvo que ver con la dedicación del Templo, y menos con la del Segundo Templo, a la cual, probablemente, se quiso referir la mano editorial que le puso este título al salmo.

El salmo comienza con la acción de gracias del individuo (versículos 1-3), puesta en términos simples y claros. A más del leve eco de «los enemigos» en el 1b, el poeta no hace uso de esa imagen tradicional de la adversidad personificada, y prefiere referirse a su curación en imágenes de haber sido «exaltado» (el verbo que así se traduce en el versículo 1 es una metáfora: literalmente, significa «sacar agua de un pozo»), o de haber sido «hecho subir» del Seol, o dado vida «para que no descendiese a la sepultura». Es decir, que con su intervención a su favor, Dios lo ha sacado de la fosa y lo ha devuelto al mundo de los vivientes.

En el versículo 4, el salmista se dirige a la congregación de los «santos» o fieles piadosos del Señor, y los invita a unir sus voces a la suya en alabanza. El versículo 5 y, como después se verá, el 11, demuestran una gracia poética muy efectiva, con su juego de oposiciones que produce versículos tan memorables como «Por la noche durará el lloro y [mejor, "llanto pero"] a la mañana vendrá la alegría».

Como varios otros pasajes poéticos (por ejemplo, Sal 88:10-12, o Is 38:10-20, cuyo contenido es muy similar al de nuestro salmo, sobre todo en los versículos 18-19), el salmo 30:8-9 expone una visión sombría de la muerte, que pone al ser humano muerto más lejos del Señor que mientras vive en la Tierra. Por el momento, el salmista se regocija por haber sido sanado y, como dice en el hermoso versículo 11, «Has cambiado mi lamento en baile; me quitaste la ropa áspera [mejor, "de luto"] y me vestiste de alegría [o "de fiesta"]». El salmo concluye con un voto de alabanza, en gratitud por lo que el Señor ha hecho (12).

Salmo 31

Un ejemplo más del género «lamento de un individuo», el salmo 31 es otro de la serie de los que llevan el encabezamiento «Salmo de David». Si en el salmo anterior oímos un eco de Isaías 38, en éste (versículo 13) resuena la queja de Jeremías 20:10. Y, por supuesto, en Lucas 23:46, el evangelista pone las palabras del versículo 5 en labios de Jesús crucificado.

El salmo hace uso de muchas expresiones genéricas, como, por ejemplo, cuando llama al Señor «mi roca fuerte... fortaleza... mi roca y mi castillo» en los versículos 2 y 3. Típicas del género también son las expresiones de las dificultades en las que se encuentra el salmista en términos de enemigos —que, en este caso, usan la calumnia y el oprobio como armas— y de la enfermedad. Está claro que estas expresiones son generales y que pueden aplicarse a una gran variedad de situaciones particulares. Como en los otros salmos del mismo género, en el 31 se alternan las declaraciones de confianza en Dios con las peticiones de auxilio; las descripciones de necesidad, con las acciones de gracias por la actuación redentora del Señor; y, todo eso, con el deseo de dar testimonio ante la congregación de «los santos». Si bien no podemos reconstruir hoy los detalles de una liturgia en la que, tal vez, hayan encajado originalmente estos elementos, la gran lección de estos salmos sigue siendo, precisamente, que en la vida del creyente todos estos elementos no sólo se alternan, sino se mezclan íntimamente y por necesidad.

En la cuarta y quinta estrofas del salmo 31 (versículos 9-10 y 11-13 respectivamente), la traducción de la RVR puede modificarse para hacerle más fácil al lector la comprensión del poema. En el versículo 10, ya la RVR traduce «¡se agotan mis fuerzas a causa de mi maldad... !». Aunque esto pone al día la versión de la RVR60 («a causa de mi iniquidad»), no resuelve el problema del significado que contradice un elemento central del argumento del salmo, es decir, la inocencia del salmista. Además, el paralelismo del versículo tropieza si tratamos de incluir «maldad» entre «dolor», «suspirar» y «mis huesos se consumen». La Septuaginta nos da una pista importante con su traducción *ptocheia*, «miseria, pobreza extrema» que, posiblemente, representa el hebreo *'ani*, que significa lo mismo, o *'oni*, «aflicción, pena, pesar, tristeza, congoja» —o, como diríamos hoy, «depresión». Parece que un escriba hebreo, sin tener que cambiar las consonantes del texto, le puso las vocales que convirtieron la palabra en *'awoni*, «mi iniquidad» o «mi maldad» y que fue esto lo que causó el problema. Se podría, entonces, leer el versículo 10: «Mi vida se va gastando de dolor y mis años de suspirar; ¡se agotan mis fuerzas a causa de mi depresión y mis huesos se consumen!».

En la estrofa que sigue se sugieren dos enmiendas. La primera es simplemente reconocer que la palabra hebrea *lev* que, literalmente, significa «corazón», debe traducirse «mente» cuando se usa como una metáfora del mundo interior del ser humano, de modo que el versículo 12 quiere decir: «He sido olvidado de su mente... ». Más importante es hacer ver que la frase *magor missabib* en el 13, que la RVR traduce como «el miedo me asalta por todas partes», es, exactamente, la misma frase que aparece varias veces en Jeremías (6:25; 20:3, 10; 46:5; 49:29). Literalmente, significa «¡horror por todos lados!» y, en Jeremías, la encontramos mayormente cuando el profeta predice catástrofes, pareciendo haber sido una expresión característica del profeta. En el capítulo 20, la frase se usa en otro sentido, como un epíteto, primero dirigido por Jeremías contra su enemigo, el sacerdote Pasur (20:3), y, después, contra el profeta mismo, por sus adversarios. Alonso Schökel ha sugerido que, en este caso —y en el salmo que nos concierne— la frase se convierte en un insulto equivalente a «¡ave de mal agüero!» (*Salmos* I, 482).

Aunque sujeto a la «calumnia de muchos», enfermo y con temor por su vida, el salmista declara, de nuevo, su confianza absoluta al Señor: «¡Tú eres mi Dios. En tu mano están mis tiempos!» (14) y, desde este punto en adelante, hasta el versículo 22, el salmo continúa dirigiendo al Señor una combinación de peticiones de auxilio y alabanzas por su bondad ya demostrada —combinación que es característica de este género de salmo. Al fin termina (23 y 24) dirigiéndose a la congregación de «sus santos», exhortándolos a amarle, a tener fuerzas y a tomar aliento, en palabras que mucho se parecen a las del final del salmo 27, entre otros.

Salmo 32

El salmo 32 cae en el grupo de «salmos de acción de gracias de un individuo», pero tiene ciertas características que lo relacionan con los salmos sapienciales o didácticos, como, por ejemplo, los dos «macarismos» (bienaventuranzas) de los versículos 1 y 2 o el contenido de los versículos 8 y 9. Las dos bienaventuranzas señalan la razón de las acciones de gracias: la certidumbre de haber sido perdonado por Dios. El salmo continúa con una sección (versículos 3-7), en la que el poeta se dirige al Señor y da testimonio de su experiencia, que gira en torno a la confesión de su pecado a Dios. Antes, «mientras callé», dice, sufrió las consecuencias de llevar encima la mano pesada del Señor: «se envejecieron [mejor, "se hicieron frágiles"] mis huesos en mi gemir [mejor, "bramar" o "rugir"] todo el día», es decir, que mientras trató de llevar su culpa sin confesarla, tanto la salud de su cuerpo como la de su espíritu se vieron afectadas: «Se volvió mi verdor [o "mi savia"] en sequedades de verano» (4). Después, dice en el versículo 5, con la confesión vino el perdón; y aunque el salmista no se refiere tan directamente a la cura como lo hizo a la enfermedad, los versículos 6 y 7 nos dan a entender que con el perdón vino la salvación, y que, desde ese momento en adelante, puede estar confiado: «con cánticos de liberación me rodearás».

El salmo toma forma de diálogo en los versículos 8 y 9, donde el Señor le responde al salmista, en carácter de maestro que restablece relaciones con un alumno que ha sido díscolo pero se ha arrepentido: «Te haré entender y te enseñaré el camino en que debes andar; sobre ti fijaré mis ojos». La última frase —solamente dos palabras en hebreo— queda deliberadamente ambigua. Como en el español, puede significar «te voy a cuidar» o «te voy a vigilar», o las dos cosas a la vez. En el versículo siguiente, se puede, quizás, detectar un toque de humor, ya que el salmista pone en boca del Señor, hecho maestro, una de esas pedanterías que, de vez en cuando, sueltan los maestros: «No seáis [se dirige en plural, a la clase] como el caballo o el mulo cerrero [interpretando "sin entendimiento" en el sentido de "sin domar"] que han de ser sujetados con cabestro y con freno...».

Los dos últimos versículos se dirigen a la congregación. El 10 recapitula el argumento teológico del salmo, y el 11, típicamente, llama a los justos al regocijo y a cantar con júbilo al Señor.

Salmo 33

El principio del salmo 33, que parece continuar las palabras finales del 32 (compárense el 32:11 y el 33:1), junto con la falta de un encabezamiento para el 33 y algunas semejanzas estilísticas que existen entre los dos, han dado a pensar a algunos que, tal vez, éste es otro caso como el de los salmos 9 y 10 que, como se ha visto, forman un solo poema. No es tan fácil decir lo mismo sobre el 32 y el 33, debido a una mayor diferencia en el tema; pero las semejanzas persisten y sugieren alguna otra relación entre los dos salmos —tal vez, que provienen de un mismo autor.

Desde el punto de vista de la crítica de formas literarias, Gerstenberger clasifica el salmo como un himno de la comunidad, y sugiere que la comunidad de origen es la sinagoga del judaísmo naciente en el período posexílico.

Viviendo en un mundo dominado por el poderío militar de reinos gentiles («naciones, [*goyim*]»), la comunidad se refiere a sus miembros como «justos [*tsaddiqim*]» o «íntegros [*yesharim*]» (1) y, como se ve en los versículos de este salmo, pone su confianza en el Señor, que mediante su palabra creó los cielos y la tierra y las naciones mismas, y cuyo poder, por lo tanto, sobrepasa el de reyes, ejércitos, guerreros adiestrados o caballos de guerra (16, 17).

Podemos imaginar este salmo, en su contexto congregacional, como un himno cantado en forma antifonal. Primero, en los versículos 1-4, oímos la voz de un director, exhortando a la congregación a cantar un «cántico nuevo» —expresión que aparece seis veces en el Salterio (40:4, 96:1, 98:1, 144:9, 149:1 además de en el 33:3)— acompañándose con instrumentos de cuerda: el salterio o cítara (*kinnor*) y el arpa de diez cuerdas (*nebel 'asor*, «decacordio» en la RVR). La razón por la cual se debe cantar al Señor la da el versículo 4, y es posible pensar que es parte de la exhortación a cantar un cántico nuevo: «porque recta [*yashar*] es la palabra de Jehová y toda su obra es hecha con fidelidad (*be'emunah*)». Lo que sigue en el versículo 5 también puede encajar en el llamado a la alabanza: «Él ama la justicia y el derecho; de la misericordia de Jehová está llena la tierra», y así lo indica el formato que le da la RVR; pero es posible también leer este versículo como el comienzo de la segunda estrofa (5-7), en la que la congregación responde con su «cántico nuevo» de alabanza.

Hipotéticamente, es posible continuar leyendo el salmo en estrofas alternadas: versículos 8 y 9 (Director); versículos 10-12 (Congregación); versículos 13-15 (Director); versículos 16-17 (Congregación); versículos 18-19 (Director); versículos 20-22 (Congregación). Esta última estrofa sí es sin duda congregacional, ya que está escrita en la primera persona del plural.

El Señor creó la tierra y las naciones y, por lo tanto, tiene el poder absoluto sobre todo lo que contiene ésta o planean aquéllas. Pero el Señor ha elegido a Israel como su pueblo. Por lo tanto, el versículo 12 contiene la famosa bienaventuranza: «Bienaventurada la nación cuyo Dios es Jehová, el pueblo que él escogió como heredad para sí». En este caso, a diferencia de la mayoría de los macarismos en los salmos, la bendición no depende de la acción humana, sino de la elección divina. Para un pueblo desposeído de poder político y de independencia, ésta es una idea potente, que explica la confianza que expresan los tres versículos finales (20-22): «nuestra alma espera a Jehová; nuestra ayuda y nuestro escudo es él…».

Salmo 34

El encabezamiento del salmo 34 es curioso: dice que David «mudó su semblante delante de Abimelec, y él lo echó, y se fue». La frase hebrea que la RVR traduce «mudó su semblante» es la misma que usa 1 Samuel 21:13 (RVR: «cambió su manera de comportarse»), y está claro que el escriba que añadió el encabezamiento al salmo quiso hacer referencia al incidente que narra 1 Samuel 21:10-15. El problema es que el rey filisteo en cuya corte David, huyendo de Saúl, se hizo el loco, se llamaba Aquis, rey de Gat, y no Abimelec. Puede haber sido un lapso de memoria cometido por un escriba que no tenía el texto de Samuel a mano cuando le añadió la nota al salmo.

El salmo es un acróstico alfabético imperfecto, ya que le falta un versículo que comienza con la sexta letra, la *w*. Sin contar el encabezamiento, el salmo retiene 22 versículos, el número de las letras del alefato hebreo, ya que lleva al final un versículo que cae fuera del acróstico. La primera palabra del versículo 22 comienza con *p*, letra que ya apareció en su lugar en el versículo 16. Es posible, aunque como dice Alonso Schökel, «suposición no verificable» (*Salmos* I, 519) que las dos primeras palabras del versículo (*podeh YHWH* o «Jehová redime») sean un juego de palabras con el que el autor, llamado Pedaías, firmó su nombre. Véase el comentario sobre el salmo 25.

En cuanto al género, el salmo 34 se puede clasificar como un himno individual de acción de gracias que incluye elementos de exhortación didáctica (por ejemplo, los versículos 11-14). La voz del salmista, que es la que oímos a través de todo el salmo, primero, bendice al Señor mientras exhorta a la congregación a hacer lo mismo (versos 1-3). El poeta no pone en claro la razón por la cual bendice al Señor, sino que se limita a usar términos generales, casi diríamos, clichés (por ejemplo, los versículos 4, 6, 10b) y alusiones a las tradiciones de Moisés (5, véase Ex 24; 33) y del Éxodo (7). El versículo que más se destaca en el salmo es el 8: «Gustad y ved que es bueno Jehová. ¡Bienaventurado el hombre que confía [mejor: "se refugia"] en él!».

En el versículo 11, el salmista adopta un tono didáctico y se revela como un maestro de «sabiduría», ofreciendo a sus discípulos (en la literatura sapiencial, por ejemplo, en Proverbios, la palabra «hijo» se usa en ese sentido) enseñarles «el temor de Jehová», otra expresión típica de la literatura sapiencial. A esto también se deben las interrogaciones del versículo 12 y los buenos consejos en estilo paralelo de los versículos 13 y 14.

La última parte del salmo, versículos 15 al 22, se dirige a los «justos» (*tsaddiqim*), es decir, a una congregación de fieles a la que también llama «los quebrantados de corazón» y «los contritos de espíritu» (habiéndose llamado a sí mismo «este pobre» en el versículo 6), para darles aliento. A pesar de que «muchas son las aflicciones del justo», como dice el versículo 19, el Señor lo librará de ellas. El versículo 20 parece ser el término medio entre la ley que impide quebrar los huesos del cordero de la Pascua (véase Ex 12:46 y Nm 9:12) y la referencia que hace Juan 19:36 a la ésta para identificar la crucifixión de Jesús con el sacrificio pascual. No sólo está el Señor pronto a librar a los justos de sus congojas, que bien conoce, sino que la ira de Dios será la recompensa de los malos que los rodean. El salmo termina en los versículos 21 y 22, con expresiones del doble destino de malos y de justos: muerte y condena para unos, redención y absolución para los otros —idea que, con el tiempo, alcanzará pleno desarrollo en los conceptos escatológicos judíos y cristianos.

Salmo 35

Este salmo pertenece al género de «súplica de un inocente» y presenta, haciendo uso de una rica variedad de imágenes, los elementos de invocación y petición al Señor, de queja, de imprecación contra los adversarios y de voto de alabanza a Dios, que son parte de este género. Las imágenes vienen de una variedad de fuentes, pero predominan las metáforas que se arraigan en los mundos de los tribunales de justicia, de la guerra y de la caza.

El versículo 1 —que invoca al Señor con una sola palabra— empieza aludiendo a la esfera judicial con el imperativo del verbo *rib* (pleitear, disputar, litigar), que la RVR traduce «disputa», pero sin reproducir la repetición del verbo en la segunda frase, lo que podría haber hecho: «con los que contra mí disputan». El poeta continúa, en la segunda línea del versículo, repitiendo la estructura, pero mudando la imagen a la esfera de la guerra: «pelea contra los que me combaten [mejor: "los que pelean conmigo"]». La imagen que invoca el salmista del Señor como guerrero que llama a su auxilio es la de un paladín armado, que ataca por sorpresa y derrota a sus perseguidores: «Echa mano al escudo y al pavés [o, la adarga]» —las armas defensivas— «y levántate en mi ayuda». El significado del versículo 3 se hace más claro hoy, después del descubrimiento, entre los manuscritos del Mar Muerto, del *Libro de la Guerra de los Hijos de la Luz contra los Hijos de las Tinieblas* (1QM), que contiene prolijas descripciones de las armas que han de usarse en la batalla final. La palabra que se traduce «cierra» en el versículo 3 (*segor* en hebreo) es seguramente la palabra *seger*, que en 1QM 5:7 García Martínez y Tigchelaar (*The Dead Sea Scrolls Study Edition* I, 122-123) traducen como «haft», es decir, «asta». Así visto, el versículo 3 se debe leer: «Saca [de la aljaba] la lanza y el asta [otra figura literaria que, esta vez, representa las armas ofensivas] contra mis perseguidores».

La derrota de los enemigos es el tema de la imprecación que comienza en el versículo 4, que primero parece aludir a su pánico («sean avergonzados y confundidos») y a su fuga («sean vueltos atrás y confundidos») ante la acometida del guerrero divino, pero que, también, suple la transición a los versículos 5 y 6, dos versículos con cariz de maldición, en los cuales la retirada de los enemigos del campo de batalla se convierte en su dispersión como «tamo delante del viento» y los lleva por caminos oscuros y resbaladizos, hostigados y perseguidos por «el ángel de Jehová».

El versículo 7 introduce una queja, y con ella una nueva serie de imágenes provenientes de la caza con trampas: hoyos y redes. La imprecación sigue de inmediato en el 8 y, esta vez, expresa el deseo de que los que, injustamente («sin causa»), tendieron las redes sean quienes caigan en ellas. Las palabras «quebrantamiento» y «quebranto» representan la palabra hebrea *shoah*, la misma que en nuestro tiempo denota la matanza de millones de judíos por los Nazis en la segunda guerra mundial. Sería mejor traducirla «catástrofe, desastre, desgracia, destrucción» o algo semejante.

Una nueva transición en los versículos 9 y 10 irrumpe con votos de regocijo y de alabanza. El salmista, aunque reducido a un esqueleto («todos mis huesos»), promete alabar al Señor: «Jehová, ¿quién como tú, que libras al afligido del más fuerte que él, y al pobre y menesteroso del que lo despoja?». Con esto, cambia de nuevo el trasfondo y nos encontramos en una escena judicial (11-16), un tribunal en que el salmista se ve acusado por testigos falsos, que lo acusan de crímenes de los que no tiene conocimiento («de lo que no sé me preguntan»). Lo peor del caso es que estos falsos testigos son los mismos que él consideraba sus amigos, por los que oraba y ayunaba cuando estaban enfermos y que, ahora, le «devuelven mal por bien, para afligir a mi alma». En el 17 y 18 se unen de nuevo la petición —en la que se refiere a sus enemigos como «leones»— y un voto de alabanza: «te confesaré... te alabaré» en público. La petición continúa (versículos 19-25) y la imprecación (26) cierra esta sección.

Finalmente, el salmo termina con una exhortación a los que «están a favor de mi justa causa» para que alaben al Señor y con su voto final de alabanza: «¡Mi lengua hablará de tu justicia y de tu alabanza todo el día!».

Salmo 36

El encabezamiento declara que el salmo es «de David», pero a este título tan frecuentemente usado añade «siervo de Jehová». Se puede clasificar en la categoría de «queja individual», aunque el principio del salmo no se ajusta exactamente a la fórmula de ese género. La primera palabra del salmo, *ne'um* en hebreo, es un término técnico de la literatura profética (de las 360 veces que aparece en el Antiguo Testamento, casi 300 se encuentran en los profetas, sobre todo, en Jeremías). Significa «oráculo, palabra» y, casi siempre, introduce la palabra divina: «dice el Señor». El salmista se atreve, con una audacia poética que ha confundido a varios intérpretes, a usar esa palabra como parodia, de manera que con la enmienda menor de cambiar el pronombre de la primera a la tercera persona, se puede leer así el comienzo del versículo: «Oráculo de la maldad al impío en lo profundo de su corazón». Es decir, que los versículos 1-4 describen a los impíos que no temen a Dios, estando convencidos de que su maldad no saldrá a la luz del día, y así mienten, calumnian y siguen planeando delitos.

En los versículos 5 y 6, el salmista contrasta la descripción de los malvados, que quieren planear y cometer sus crímenes en secreto, con cuatro patentes y majestuosas cualidades del Señor: su fiel misericordia (*jesed*), que llega «hasta los cielos»; su fidelidad (*'emunah*), que «alcanza hasta las nubes»; su justicia (*tsedaqah*), que es como las grandes montañas («montes de Dios») y sus juicios o decretos (*mishpatim*), que compara al gran océano (*tehom*). La actividad salvadora de Dios, puesta en ese contexto universal, alcanza «al hombre y al animal».

Los versículos 7-9 alaban la fiel misericordia de Dios: «¡cuán preciosa...!». Aquí se encuentran algunas de las imágenes más hermosas del salmo, que el poeta dirige a Dios: los seres humanos «se amparan bajo la sombra de tus alas», serán «saciados de la abundancia [mejor que "grosura"] de tu casa, y tú les darás de beber del torrente de tus delicias»; y, sobre todo, el versículo 10: «porque tú tienes la fuente de vida; en tu luz veremos luz» (mejor que «porque contigo está el manantial de la vida; en tu luz veremos la luz» RVR).

El salmo termina con una doble petición, por un lado, de que el Señor extienda su fiel misericordia a los que lo conocen, y su justicia a los rectos de corazón (o de pensar); y, por el otro, de protección contra los ataques («el pie... la mano») del soberbio y del impío contra el salmista orante. El versículo 12 presenta un problema de interpretación, pues comienza con *sham*, «allí», adverbio de lugar al que, en este caso, es difícil de encontrarle referente, ya que no se ha mencionado un lugar. Alonso Schökel sugiere que aquí se usa en el sentido en que lo traduce en *La Biblia de nuestro pueblo*: «Vean» (y en *Salmos* I, 544).

Salmo 37

El salmo 37 es un acróstico alfabético, cosa que no es posible ver en las traducciones, por supuesto, pero que aparece, frecuentemente, sobre todo en la literatura sapiencial. El salmo es, también, difícil de clasificar entre los géneros del Salterio, aun entre los salmos sapienciales, pues se trata de una composición francamente didáctica, que tiene más de homilía o de lección que de oración o de himno, y que encajaría bien (¡o mejor!) en el libro de Proverbios.

El poeta habla en este salmo con la voz de un viejo maestro («joven fui y he envejecido», versículo 25) y su voz, aconsejando a sus oyentes, es la única que se hace oír. Por supuesto que leer el salmo nos pone en esa audiencia, y así el autor nos habla directamente. El tema de la clase es la actitud que deben mantener los «justos» ante la actividad de los «impíos». El salmo comienza aconsejando paciencia: «no te impacientes a causa de los malignos, ni tengas envidia de los malhechores» y buena actuación: «confía en Jehová, y haz el bien». Si bien el salmo tiene un trasfondo teológico en el contraste entre creer y no creer en el Señor, lo que pone constantemente en primer plano es la cuestión ética de la manera de actuar y, sobre todo, de la manera de actuar hacia los que no tienen poder económico o político. Los malhechores tienen como su meta enriquecerse y, por el momento, parecen tener éxito —por ejemplo, como dice una de las imágenes más conocidas del salmo en el versículo 35: «Vi yo al impío sumamente enaltecido y que se extendía como laurel verde». Pero el salmo insiste en que el Señor va a poner fin a su opresión, y devolver la tierra y la prosperidad a los justos oprimidos. Una de las bienaventuranzas del Sermón del Monte parece aludir al versículo 11: «los mansos heredarán la tierra» (véase Mt 5:5), un sentimiento que el salmo reitera en el versículo 29: «Los justos heredarán la tierra y vivirán para siempre en ella». A pesar de la violencia que los malhechores usan contra los justos —véanse los versículos 14 y 32, por ejemplo— el justo debe tratar de vivir en paz, y dejarle al Señor la retribución final, cuando «los impíos perecerán, los enemigos de Jehová serán consumidos como la grasa de los carneros, se disiparán como el humo» —es decir, como la ofrenda de un sacrificio sobre el altar. Mientras tanto, el viejo maestro aconseja que el justo debe contentarse con lo que tiene (16), compartir con misericordia su dinero en préstamos (21, 26); apartarse del mal y hacer el bien (27); hablar sabiduría y justicia y, sobre todo, tener la Torá, la «ley de su Dios», en su corazón (30, 31). Y esperar, siempre esperar en el Señor, pues como dice el final del salmo, «la salvación de los justos es de Jehová».

Salmo 38

La frase «para recordar (*lehazkir*)», que aparece en el encabezamiento del salmo, se repite solamente en el encabezamiento del salmo 70 que, como el 38, pertenece al género de «lamento de un individuo». El significado de la frase está claro, pero no sabemos exactamente qué quiere decir en estos dos casos y, es posible, que aluda a un sentido técnico que hoy no conocemos.

Debido a su contenido, está bien claro que el salmo tiene que ver con los resultados físicos, sociales y espirituales de una enfermedad; y Alonso Schökel se refiere al contenido del salmo como una presentación cronológica de «las fases de un proceso: pecado, enfermedad sufrida, sentida como castigo de Dios, efectos sociales en amigos y enemigos, confesión del pecado, súplica de auxilio» (*Salmos* I, 568) y, por lo tanto, lo clasifica como una «oración del enfermo arrepentido». Sin duda alguna, la descripción de los síntomas que forman la médula del salmo describen una enfermedad corporal (versículos 3-10) y, es posible, que este salmo haya sido usado originalmente en algún ritual de curación.

El salmista se sabe culpable y castigado por Dios, como lo indica en los dos primeros versículos. Las saetas y la mano de Dios, dice, han caído sobre él y, aunque estas imágenes nos hacen pensar en Job, que dice algo muy similar (Job 6:4), su caso es muy distinto del de Job, que se sabe inocente. Para el salmista, la ira de Dios ha caído sobre él con buena causa: «mi pecado» (3) y «mis maldades» (4). Es decir, que a diferencia de otros salmos en los que el sufriente es un inocente falsamente acusado por enemigos humanos, aquí se trata de uno que sufre un castigo a manos de Dios y que reconoce su culpa. Tal vez sea ésta la razón por la que la descripción del sufrimiento del salmista es tan prolija (versículos 1-10, especialmente 5-8 y 10b) y tiene un papel tan importante en el salmo. La razón por la que Dios debe salvar al orante no es su inocencia, que merece justicia, sino la misericordia divina incitada por su cruenta situación. No se trata de probar su inocencia y ser, por lo tanto, absuelto, sino de demostrar su agonía y recibir indulto.

Los síntomas, además, no son solamente físicos, sino también sociales. Con una ética religiosa tal como la que aparentemente el salmo comparte con su contexto social, es inevitable que alguien afligido por grandes plagas y calamidades venga a ser, como Job, considerado culpable y devenga en paria. Abandonado por los que fueron sus amigos, vulnerable ante sus enemigos (versículos 11 y 12) y condenado por todos, inclusivamente por sí mismo, el poeta se ve reducido a la sordera y a la mudez (13 y 14). Esta es una imagen muy efectiva para indicar su creciente depresión y su reducción a un estado marginal.

En este momento de crisis interna, el salmista, «a punto de caer» (17), se vuelve a Dios, nunca dudando que «tú responderás, Jehová, Dios mío» (15), y declara su resolución de confesar su pecado (18), como preludio a la intervención divina que lo sacará de su aprieto. Aquí no menciona su enfermedad, sino en forma oblicua, al quejarse de sus enemigos que están «vivos y fuertes» (19). Con cierta incongruencia, dado el tenor del salmo hasta aquí, el salmista afirma su inocencia: «los que pagan mal por bien me son contrarios, por seguir yo lo bueno» (20). El salmo termina, en los versículos 21 y 22, con una plegaria directa al Señor: «no me desampares… no te alejes de mí. ¡Apresúrate a ayudarme, Señor, salvación mía!».

Salmo 39

A pesar de que el salmo 39 se puede clasificar entre los llamados «lamentos de un individuo», solamente encaja en esa clasificación muy generalmente y sus características son más particulares suyas que genéricas. Por otro lado, el salmo muestra un interés en el destino humano, sobre todo, en la cuestión de la universalidad de la muerte, que lo relaciona al mundo intelectual de las escuelas sapienciales del judaísmo posexílico, particularmente, a obras como Job o Qohelet (Eclesiastés). El encabezamiento, además del acostumbrado «Al músico principal… Salmo de David», incluye un elemento que solamente aparece en los encabezamientos de otros dos salmos, el 62 y el 77: «a Jedutún». En Crónicas y Nehemías el nombre «Jedutún» aparece varias veces entre los levitas y, en 1 Crónicas 16:42 en particular, Jedutún es uno de los músicos principales nombrados por David para el servicio del Arca. Por supuesto, no se puede identificar el salmo con este individuo, y puede ser que «Jedutún» represente algo muy distinto que el nombre de un levita —por ejemplo, el comentarista medieval judío Rashi declara que el «jeditún» fue un instrumento musical antiguo.

El salmo comienza con un soliloquio, que introduce el poeta en el versículo 1 con «Yo dije» y que continúa hasta el fin del versículo 3. El soliloquio nos deja apenas entrever las dudas que atormentan al poeta, dudas cuya expresión suprime «para no pecar con mi lengua», al menos «en tanto que el impío esté delante de mí» (1). Aunque lleva su mutismo hasta el extremo de callar «aun respecto de lo bueno», eso no alivia, sino que agrava su tormento, hasta que estalla —o, por lo menos, se inflama (3)— en su mente la inevitable necesidad de interrogar al Señor, lo que hace en el resto del salmo.

Con el comienzo del versículo 4, el salmista se dirige al Señor directamente y así continúa hasta el final. Lo que pide no es sencillamente, como en otros lamentos individuales, salud para sí o su absolución de una acusación injusta, o la derrota de sus adversarios. Como al autor de Job o de Qohelet, lo que le atormenta es la interrogante mayor de la vida humana. De golpe, sin rodeos ni preámbulo, le espeta al Señor la pregunta que lo ha torturado: «Hazme saber, Jehová, mi fin y cuánta sea la medida de mis días; sepa yo cuán frágil soy…». En esta primera acometida, introduce una frase que aparece dos veces en el salmo: *kol-hebel kol-adam* (RVR: «es apenas un soplo todo ser humano», v. 5) y *ak hebel kol-adam* (RVR: «¡ciertamente, es apenas un soplo todo ser humano!»,

v. 11). Además de darle unidad al poema, esta frase repetida, especialmente la palabra *hebel*, que la RVR correctamente traduce como «soplo», lo conecta con otros dos lugares significativos en los cuales, el Antiguo Testamento aborda el tema del carácter efímero de la vida humana. Ya hemos mencionado a Qohelet, cuyo famoso estribillo, «vanidad de vanidades» (Ec 1:2, etc.), es, en hebreo, *hebel hebalim*. Qohelet también usa la palabra en numerosas otras ocasiones para referirse a la vida humana («vano vivir» en el 6:12, «vida vana» y «vanidad» en el 9:9) y a los propósitos de los seres humanos, que se desarrollan bajo el signo de la muerte, que todo lo reduce a *hebel*. El segundo lugar, en la literatura del Antiguo Testamento en el que *hebel* simboliza la brevedad de la vida humana es en Génesis 4, donde Abel (*hebel*) es el primer ser humano en morir, y sufre una muerte prematura e insensata a manos de su hermano Caín. No hay duda de que el salmista aludía a un diálogo filosófico o teológico que tuvo lugar en los círculos intelectuales del Israel posexílico por muchos años.

Sin haber recibido respuesta —pues el versículo 6 pudo haber sido escrito por alguien tan escéptico como el autor de Eclesiastés— el salmo vuelve a dirigirle al Señor una interrogante (versículos 7-11), pero, esta vez, el tono se asemeja más al de Job 42:1-6, pues expresa, a la vez, reconocimiento del poder absoluto e incomprensible de Dios sobre la vida y el destino humanos, y sumisión confiada a ese poder: «Y ahora, Señor, ¿qué esperaré? Mi esperanza está en ti.... Enmudecí, no abrí mi boca, porque tú lo hiciste... ¡ciertamente, es apenas un soplo todo ser humano!».

El salmo termina en los versículos 12 y 13 con una plegaria paradójica. Primero, ruega la atención divina: «Oye mi oración, Jehová, y escucha mi clamor. No calles ante mis lágrimas». Es más, reclama esa atención a base de la ley ancestral que requiere la protección del *ger* (RVR «forastero») y del *toshav* (RVR «advenedizo») —es decir, de los inmigrantes no hebreos que habían venido a habitar en Israel. Pero en el versículo siguiente, el salmo pide lo contrario: «Déjame [literalmente "no me mires, quítame la vista"], y tomaré fuerzas [literalmente "me alegraré"] antes que vaya y perezca [o "mientras me extingo"]». Ni Job, ni el Eclesiastés, ni el salmo 39, pueden hacer más que proponer la gran interrogante del valor y significado de la vida humana ante el enigma de la muerte. En el territorio de Dios, no somos más que forasteros y advenedizos, pero, con el salmista, podemos esperar confiados en su misericordia.

Salmo 40

El salmo 40 presenta un bien conocido problema en cuanto a su composición, ya que los versículos 13 al 17 se repiten en el Salterio, donde constituyen el salmo 70. Además, la primera parte del salmo (versículos 1-10) podría ser clasificada como un salmo de acción de gracias, mientras que la segunda parte (11-17, o 13-17) es un salmo de súplica individual. No es imposible que los dos géneros coexistan en un salmo, sobre todo, si se trata de una liturgia; pero el contraste es evidente. Esto ha llevado a algunos comentaristas a considerar el salmo una compilación de dos piezas independientes, la segunda de las cuales se repite en el salmo 70. Sea como sea la historia de la composición del salmo, lo tomaremos aquí en su forma canónica, es decir, tal como aparece en el texto masorético y en la RVR. El encabezamiento del salmo es el más común en esta serie: «Al músico principal. Salmo de David».

La primera parte del salmo declara gratitud al Señor en varias formas. En la primera estrofa (1-3), el salmista usa cuatro imágenes que comunican la acción del Señor y los resultados que ha tenido en su vida: una, «se inclinó a mí y oyó mi clamor»; dos, «me hizo sacar del pozo de la desesperación [mejor: "me sacó de la fosa de desolación"], del lodo cenagoso»; tres, «puso mis pies sobre peña y enderezó mis pasos» y cuatro, «puso luego en mi boca cántico nuevo, alabanza a nuestro Dios». Las imágenes se articulan de manera casi dramática: primero, sobre un eje vertical, el Señor, desde arriba, se inclina hacia el fondo de la fosa de desolación desde donde clama el salmista. A lo largo del mismo eje lo hace subir hasta la roca firme, donde lo pone en pie, de nuevo en el mundo de los vivos. El cántico nuevo sube hacia el Señor verticalmente, como antes subió el clamor de angustia, pero también se esparce por el plano horizontal donde la alabanza de uno que se vio perdido hace que muchos otros vean, teman y confíen en el Señor.

La segunda estrofa (4-5) comienza con una bienaventuranza que al mismo tiempo se refiere a la primera estrofa, pues el salmista mismo es «el hombre que puso en Jehová su confianza», como ya dijo desde el primer versículo. Al mismo tiempo, el poeta extiende el concepto de confiar en el Señor, primeramente, haciendo notar el contraste entre quien pone su confianza en el Señor y no en idolatrías (así lo interpreta DBHE bajo el plural de *rahab* mientras que RVR dice «los soberbios» —o los que «se desvían tras la mentira» es decir, los idólatras). En segundo lugar, confiesa, humildemente, que las maravillas y los pensamientos del Señor son tales y tantos que le sería imposible pretender enumerarlos todos.

La tercera estrofa (4-8) aparece en el Nuevo Testamento, en Hebreos 10:5-10, donde el autor interpreta esos versículos con referencia a la venida de Jesucristo al mundo. Hay un problema —que no debemos tratar de resolver aquí, ya que es más un problema para la interpretación de Hebreos que para la interpretación del salmo 40— en que el autor de Hebreos se basa en uno de los textos griegos, donde una frase del versículo 6, que correctamente dice en hebreo «has abierto mis oídos» se convirtió en «mas me diste un cuerpo» (He 10:5) y sobre esa base, construye su argumento (véase He 10:10). En el salmo, estos versículos traen a la mente las palabras de los profetas que, como Amós (por ejemplo, 5:21-24) o Miqueas (por ejemplo, 6:6-8) condenaron la idea de que el culto sacrificial era el punto culminante del servicio a Dios, y propusieron, en su lugar, que lo que Dios quiere es que «corra el juicio como las aguas y la justicia como arroyo impetuoso» (Am 5:24) o «solamente hacer justicia, amar misericordia y humillarte ante tu Dios» (Miq 6:8). El escritor del salmo 40, en vena similar aunque no idéntica, se jacta de que, sobre la práctica de los sacrificios y ofrendas rituales, «el hacer tu voluntad, Dios mío, me ha agradado, y tu Ley [Torá] está en medio de mi corazón» (versículo 8).

La cuarta estrofa (versículos 9-10) ratifica el hecho de que el salmista ha proclamado la «justicia» (*tsedaqa*), la «fidelidad» (*'emuna*), la «salvación» (*teshu'a*), la «misericordia» (*jesed*) y la «verdad» (*'emet*) de Dios «en la gran congregación». Esta estrofa, si el salmo hubiera terminado aquí, le hubiera dado una conclusión satisfactoria a un salmo de acción de gracias.

Pero el salmo continúa y cambia su tenor. Con el versículo 11 comienza una «queja individual» de forma y contenido bastante convencionales, con la que va a concluir el salmo. En la primera estrofa de esta parte (versículos 11-12), el salmista parece confesar que los «males sin número» que lo acosan son culpa suya («me han alcanzado mis maldades» puede interpretarse en ese sentido). Por lo tanto, lo que le pide a Dios es que tenga compasión (en el versículo 11, la RVR usa la misma palabra, «misericordia» para traducir dos palabras hebreas distintas, y sería mejor traducir la primera, *rajamim*, como «compasión», y la segunda, *jesed*, como «misericordia»).

En la segunda estrofa (13-15), el salmista le pide a Dios auxilio contra enemigos que amenazan su vida y que se burlan de él, y no dice nada de ser culpable. El salmo termina (16-17) con una exhortación a la congregación a gozarse y alegrarse, y a alabar al Señor y, después de una expresión de confianza en el Señor, que «pensará en mí», con un ruego final: «¡Dios mío, no te tardes!».

Salmo 41

El salmo 41 propiamente dicho consiste en los versículos 1-12, ya que el 13 es una doxología que marca el final del libro primero del Salterio. En lo que a clasificación genérica toca, el salmo es claramente un lamento o queja individual, y lleva el cariz especial de una queja de un enfermo, aunque el problema que acosa al salmista, más que su enfermedad, es la hipocresía de sus congéneres, que vienen a visitarlo para criticarlo y calumniarlo. En cuanto al género, la característica más saliente, por atípica, es la especie de prólogo que forman los versículos 1-3. Ya que comienza en la forma característica de muchos salmos sapienciales, con una bienaventuranza, parece ser que el poeta quiso esbozar mínimamente al doliente: un sabio o maestro enfermo, que sabe muy bien que ha sido de los «que piensa[n] en el pobre» y que, por lo tanto, puede confiar en que en su «día malo lo librará Jehová». Específicamente, como dice en el versículo 3, «Jehová lo sostendrá en el lecho del dolor; ablandará su cama en la enfermedad».

La situación no es tan extrema como la de Job, que sabe que no ha cometido falta alguna, ya que el salmista confiesa, en el versículo 4, que ha pecado contra el Señor, pero el libro Job es, precisamente, una crítica de la actitud que representan los «amigos», tanto los de Job, como los del enfermo del salmo 41: la actitud de ver calamidades como la enfermedad, como castigos de Dios por el pecado, aunque haya sido un pecado previamente oculto. El salmo, si ya no lleva a cabo el análisis extenso y profundo que Job intenta, nos hace, al menos, ver claramente el resultado, tan corrosivo para las relaciones humanas, que tiene esa actitud sobre la víctima: al sufrimiento añade oprobio y convierte a los que debieron ser amigos consoladores en adversarios hipócritas: «y si vienen a verme, hablan mentira; recogen malas noticias y al salir afuera las divulgan» (6).

El autor del Evangelio de Juan (13:18) pone en boca de Jesús parte del versículo 9, «el que come pan conmigo alzó su pie contra mí», como profecía de la traición de Judas. En el salmo, esta traición la comete «el hombre de mi paz», un giro idiomático cuyo significado ya no sabemos, pero que es posible haya significado algo así como «mi mejor amigo». Parece haber un juego de palabras entre la expresión en hebreo, *ish shelomi*, «hombre de mi paz» al principio del 9, y *wa'ashalemma*, «les daré el pago» al fin del 10, que refuerza la idea de que la antigua amistad, traicionada, ha desaparecido ante el deseo del desquite. Es más, que para el salmista, la señal de que ha agradado al Señor es, precisamente, «que mi enemigo no se alegre de mí» (11) —no tanto la salud, sino la reivindicación, es decir, que Dios sustente su integridad y le devuelva el derecho a «estar delante de [él] para siempre» (12).

Ya que el salmo 41 es el último poema del primer libro, el versículo que contamos como el 13 no le pertenece propiamente, sino es una doxología que formó, una vez, el colofón de ese libro. Es una expresión del sentimiento piadoso del editor o escriba que así quiso terminar su obra: «¡Bendito sea Jehová, el Dios de Israel, por los siglos de los siglos! ¡Amén!».

Libro 2

Salmos 42-72

Salmos 42–43

Desde tiempos muy antiguos, comentaristas y lectores cuidadosos han concluido que estos dos salmos son, en realidad, uno solo, que algún editor dividió artificialmente. El salmo es el primero de la serie de los que, en el segundo libro del Salterio, llevan un encabezamiento que los identifica como salmos «de los hijos de Coré» (salmos 42 al 49). Otros salmos con esta identificación aparecen en el tercer libro: los salmos 84, 85, 87 y 88. Coré es el nombre del antepasado fundador de uno de los linajes de los levitas (véase Ex 6:16-24), que en tiempos del Segundo Templo, debido a contiendas internas en la clase sacerdotal de Jerusalén, habían perdido muchos de sus antiguos cargos y se vieron reducidos a funciones de porteros o cocineros del Templo (1 Cr 9:19, 31). La falta de un encabezamiento en el salmo 43 es uno de los indicios de que el 42 y 43 son uno, como lo son, también, la presencia del mismo versículo tres veces (42:5, 42:11 y 43:5) en los dos salmos, como un estribillo que concluye cada una de las secciones del salmo y la gran semejanza entre 42:9 y 43:2.

La primera sección, 42:1-5, comienza con la bella imagen «Como el ciervo brama por las corrientes de las aguas, así clama por ti, Dios, el alma mía». Hay un problema en el texto hebreo: la palabra «ciervo» (*ayyal*) es de género masculino, mientras que el verbo que le corresponde, (*ta'arog*) es femenino. (La forma masculina hubiera sido *ya'arog*. Puede haber sido un caso de lo que los eruditos llaman «haplografía» por parte de un escriba que copió la palabra *ayyelet* (cierva) y ya que *ta'arog*, que le sigue de inmediato, comienza con *t*, como termina *ayyelet*, dejó una de las dos tes en el tintero y escribió lo que el texto dice). Sería mejor leer «Como la cierva anhela las corrientes de aguas, así te anhela, Dios, el alma mía», ya que «alma» (*nefesh*) también es palabra femenina y, por lo tanto, el versículo repite la forma *ta'arog*.

Si el salmo es una queja individual, parece, en este caso, ser la súplica de un individuo que se encuentra alejado, tal vez expatriado, de Sión. En la segunda sección, en el versículo 6, el salmista se refiere a su situación en «la tierra del Jordán y de los hermonitas, desde el monte Mizar». No sabemos hoy cuál fue el «monte Mizar», pero debe haber sido parte de la cordillera del monte Hermón («los hermonitas»), al pie de la cual nace el río Jordán y donde, también, se precipita en «cascadas» (véase el versículo 7). Exiliado, el poeta vierte delante de Dios su pena y su nostalgia: «Me acuerdo de estas cosas y derramo mi alma dentro de mí, de cómo yo iba con la multitud y la conducía hasta la casa de Dios, entre voces de alegría y de alabanza del pueblo en fiesta» (4). La situación se hace peor por causa de las burlas de los adversarios (42:3,9,10, 43:1,2). Pero el salmista no pierde la confianza en Dios, a quien llama en forma convencional «Roca mía» (42:9) o «Dios de mi fortaleza» (43:2), pero del que, también, dice algo tan hermoso y original como el 42:8: «de día mandará Jehová su misericordia y de noche su cántico estará conmigo, y mi oración al Dios de mi vida».

El salmo 43 constituye la tercera sección y se da a la súplica («júzgame, Dios, y defiende mi causa» [1]... «envía tu luz y tu verdad; estas me guiarán, me conducirán a tu santo monte y a tus moradas» [3]) y al testimonio de confianza en la rehabilitación que Dios llevará a cabo («me acercaré al altar de Dios, al Dios de mi alegría y de mi gozo, y te alabaré con el arpa, Dios, Dios mío» [4]).

Suponiendo, en este caso, que el encabezamiento del salmo 42 tenga base en la realidad, y que estos dos salmos fueron escritos por uno de los «hijos de Coré», podemos apreciar el gran poder que tiene la buena poesía para hacer universal lo particular, y para darle pertinencia a lo específico en otros tiempos y lugares. Incontables seres humanos en condiciones de pérdida, de marginalidad o de exilio han encontrado aliento y solaz al decir, con el salmista, «¿Por qué te abates, alma mía, y por qué te turbas dentro de mí? Espera en Dios, porque aún he de alabarlo, ¡salvación mía y Dios mío!».

Salmo 44

Desde el punto de vista de la clasificación genérica, el salmo 44 es un lamento o queja de la comunidad y, aunque lleva el encabezamiento de «Masquil de los hijos de Coré», eso no nos ayuda a identificar la comunidad donde se produjo. Gerstenberger lo atribuye al período del Imperio Persa, o sea, más o menos entre el año 545 y el 332 a. C., y a una comunidad judía que vivió bajo esa autoridad.

El salmo comienza con un encomio (versículos 1-3) dirigido a Dios y basado en las antiguas tradiciones de la conquista, en las cuales no fue el poder militar de los antepasados de Israel, «sino tu diestra, y tu brazo, y la luz de tu rostro» (3) lo que les concedió la victoria y los plantó en la tierra de Canaán. La estrofa siguiente (versículos 4-8) es una petición —«¡manda salvación a Jacob!»— en la que el salmista reconoce que esa salvación (*yeshu'ot*, literalmente, «victorias») no va a venir por medio de la fuerza militar de Israel —que, en todo caso, si este salmo proviene del período imperial persa, no existía— sino, como en las antiguas tradiciones por el poder de Dios, al que el salmista llama «rey» en el versículo 4, y de quien dice que «nos has guardado de nuestros enemigos, has avergonzado a los que nos aborrecían» (7). Esta estrofa termina, en forma acostumbrada, con un voto de alabanza (versículo 8).

Todo esto sirve de preludio al resto del salmo, en el que el tema de la queja se desarrolla ampliamente. El versículo 9 comienza con la conjunción adversativa *'af*, «pero», que sirve de pivote para darle un nuevo giro al salmo: Dios, dice la comunidad, «nos has desechado, nos has hecho avergonzar, y ya no sales con nuestros ejércitos... ». Lo que sigue es un largo y elocuente reproche, que alude con vívidas imágenes a la trágica historia de Israel: «Nos entregas como ovejas al matadero y nos has esparcido entre las naciones. Has vendido a tu pueblo de balde; ¡no exigiste ningún precio!» (11,12). Con la derrota y el exilio viene, también, el oprobio: «Nos pusiste por proverbio entre las naciones; todos al vernos menean la cabeza» (14). En los versículos 17-22, el salmo protesta que toda esta calamidad ha venido a pesar de la inocencia y de la fidelidad de Israel, que nunca ha fallado. Es más, el salmo llega, en su desesperación, a culpar a Dios por los sufrimientos de Israel: «Pero por causa de ti [mejor, "por causa tuya"] nos matan cada día; somos contados como ovejas para el matadero» (22).

La petición de auxilio con que termina el salmo (versículos 23-26) muestra una urgencia aguda, apremiando al Señor a que despierte (23) y no esconda su rostro (24) ante la aflicción de su pueblo. El último versículo apela a la «misericordia» del Señor y debemos recordar que la palabra hebrea que se usa allí, *jesed*, si bien significa «misericordia» en el sentido de benevolencia gratuita, tiene, también, el sentido de «lealtad» en el sentido de la benevolencia que requiere un vínculo familiar o un pacto (véase DBHE 267-269). Dado el tenor del salmo, el segundo sentido debe predominar, y así lo traduce Alonso Schökel en su comentario: «¡Levántate a socorrernos, redímenos, por tu lealtad!» (*Salmos* I, 626).

Salmo 45

Ya el escriba que le puso el encabezamiento a este salmo nos da una pista que indica que el salmo 45 es único —tan único que, tal vez, no pertenezca en la colección de poesía litúrgica que es el Salterio— cuando lo llama *shir yedidot*, «canción de amores». Este salmo es un epitalamio, es decir, una composición poética sobre las bodas de una pareja humana. En este caso, se trata de las bodas de un rey (¿de Israel? ¿de Judá?) con una princesa forastera. Tiene, por lo tanto, más en común con el Cantar de los Cantares que con los Salmos. No es posible determinar el origen del salmo 45 solamente sobre la base de su contexto histórico y sería ocioso, por ejemplo, tratar de identificar precisamente al rey cuyas nupcias celebra. También es necesario tomar en cuenta la historia de la interpretación del salmo, que el judaísmo posexílico y los intérpretes cristianos tempranos enfocaron, junto con muchos otros, en la figura del mesías. Así, la Epístola a los Hebreos (1:8-9) incluye los versículos 6 y 7 del salmo en la cadena de citas con las que sostiene la superioridad del Hijo a los ángeles, al principio de su argumento cristológico.

En el versículo primero, oímos al poeta referirse a sí mismo, jactándose un tanto de su habilidad como artista: «rebosa mi corazón [¿mente?] palabra buena… mi lengua es pluma de escribano muy diestro», y dedicando al rey su obra: «dedico al rey mi canto». En los versículos 2 al 9, como en el 16 y el 17, el poeta se dirige al rey y, en la sección central, dirige los versículos 10 al 12 a la princesa con la que éste se va a casar. Además, dedica los versículos 13 al 15 a describir la entrada de la novia y su cortejo al palacio. La descripción del rey le da énfasis a su apariencia (2), a su proeza militar y gallardía (4 y 5), a su justicia (6 y 7) y al lujo de sus ropas y de su palacio (8 y 9). (Es posible sospechar una haplografía en el versículo 6, que se podría corregir de modo que diga «tu trono, como Dios, es eterno y para siempre» o, simplemente, como sugiere HALOT [bajo «'eloah and 'elohim»], tomar el término «Dios», en este caso, como una forma de dirigirse al rey —diríamos algo así como «Majestad».) La referencia en el 6 a la unción del rey con *shemen sason*, expresión que ocurre solamente dos veces en el Antiguo Testamento: aquí (RVR: «óleo de alegría») y en Isaías 61:3 (RVR: «aceite de gozo»), con clara oposición, por paralelismo antitético, a «luto», tiene que ver con el uso de aceites perfumados en banquetes y otras ocasiones festivas, sobre todo, para honrar al huésped de honor. En este caso, ese huésped es el novio regio, festejado entre los «compañeros» (*javerim*) que forman su corte de honor. La mirra, los áloes y la casia —substancias que se usaban para componer los mejores perfumes y para sahumar las ropas de lujo, entran muy naturalmente en el versículo siguiente (8). La segunda parte del mismo versículo 8 debe leerse «desde palacios de marfil [es decir, adornados con tallados de marfil empotrados en los paneles de madera que cubrían las paredes], instrumentos de cuerda te regocijan». La palabra *minne(y)* que la RVR no traduce aquí, es poco común, pero aparece en el salmo 150:4 con el significado «cuerdas», que es como se debe interpretar. El versículo 9 completa el retrato del rey que espera la llegada de su nueva esposa a la corte, refiriéndose a las princesas —hijas de otros reyes— con las que ya se ha casado (Salomón, por ejemplo, «tuvo setecientas mujeres reinas, y trescientas concubinas», según 1 R 11:3) y sentada su diestra, la reina principal (¿vestida, adornada?) con oro de Ofir.

En el versículo 10, el poeta aconseja a la nueva esposa que olvide a su pueblo y a su familia y le rinda homenaje a su nuevo señor. Esto no solamente hará que el rey se enamore de ella (11), sino que la pondrá en posición de recibir regalos y homenaje de los fenicios de Tiro —tal vez, su propio pueblo— que vendrán a buscar preferencia en la corte de su esposo, el rey. El poeta vuelve a la descripción del momento antes de que comiencen las nupcias en el versículo 13: la princesa («hija del rey», aunque es una traducción literalmente correcta, confunde en español lo que está claro en el texto hebreo) está «toda gloriosa» en la recámara donde se ha arreglado, luciendo un vestido de brocado de oro recamado (mejor que «bordado», ya que la palabra española «recamado» es de origen árabe y tiene parentesco con la palabra hebrea *reqamot*, que es la que usa el texto en el versículo 14). Se forma el cortejo, con damas y doncellas, y las vemos al fin, «con alegría y gozo», a punto de entrar el palacio del rey.

El salmo termina con una especie de bendición; o mejor, con la expresión de un deseo de buena fortuna genealógica, dirigida al rey (16). Después de todo, el propósito principal de una boda real es la continuación de la familia y de la dinastía. El último versículo debe leerse, si es la voz del poeta la que se oye, como la segunda parte del mensaje del versículo primero, así que estos dos versículos constituyen un marco para el poema entero. El poeta que se jactó de su habilidad e inspiración poética en el versículo 1, le ofrece en el 17 a su rey que —con este poema y seguramente con muchos otros— «Haré perpetua la memoria de tu nombre en todas las generaciones, por lo cual te alabarán los pueblos eternamente y para siempre».

Salmo 46

Este amado salmo puede clasificarse entre los «salmos congregacionales de confianza». El encabezamiento lo identifica con los «de los hijos de Coré» y añade «sobre Alamot», expresión cuyo significado es incierto. Aunque hay otras maneras más detalladas de esquematizar su contenido, en este caso, podemos usar la estructura clara y manifiesta del salmo: tres estrofas, cada una marcada con «selah» al final: 1-3, 4-7 y 8-11. La segunda y la tercera de estas estrofas terminan con el estribillo «¡Jehová de los ejércitos está con nosotros! ¡Nuestro refugio es el Dios de Jacob!» (versículos 7 y 11). Esto lleva a Alonso Schökel a postular que el mismo estribillo debe de haber existido al final de la primera estrofa, en lo que hoy es el versículo 3 —sugerencia, probablemente, acertada.

La primera estrofa propone, en su primer versículo, el tema del salmo: «Dios es nuestro amparo y fortaleza». La expresión que sigue, «Nuestro pronto auxilio en las tribulaciones» en la traducción de la RVR, gira alrededor del adjetivo «pronto», que no parece la mejor manera de verter el hebreo al español en este caso. El texto hebreo dice *nimtsa' me'od*, literalmente, «hallado mucho», usando el participio de la forma pasiva del verbo «hallar». Si «pronto» nos lleva a pensar en un auxilio rápido, nos aleja del sentido de un auxilio muy a la mano o, como ya tradujo Casiodoro de Reina en la Biblia del Oso (1569): «ayuda en las angustias hallaremos en abundancia». Las imágenes que usa la primera estrofa para sugerir las tribulaciones que amenazan a la congregación, o al pueblo de Israel, vienen del caudal de la cosmogonía. Es como si dijera «no temeremos aunque el mar anegue la tierra y las montañas» —es decir, que ni siquiera si el caos que existió al principio de la creación amenace regresar, como, por ejemplo, sucede en la narración del diluvio (véase Gn 7:11 en comparación con Gn 1:6-10).

En la segunda estrofa, el enfoque cambia a la «ciudad de Dios», sana y salva ante la posibilidad del caos: allí el agua no se presenta como la fuerza desordenada, destructora y amenazante de la primera estrofa, sino domesticada en sus canales de irrigación (*pelagaw*, mejor que la RVR: « sus corrientes»), dando alegría, en vez de temor, a la ciudad de Dios. Allí, Dios y su santuario aseguran una estabilidad que «no será conmovida». La imagen del enemigo cambia en esta estrofa, a «las naciones» y «los reinos» y, como en el salmo 2, estos adversarios amenazan a la ciudad de Dios, pero al dar él «su voz» (¿el trueno?), la tierra se bambolea (o se derrite, pues la forma verbal *tamug* significa ambas cosas). Al final de esta estrofa aparece, por primera vez, el estribillo: «Jehová de los ejércitos», *YHWH tseva'ot* (Sabaoth) es un antiguo nombre del Señor, asociado, especialmente, con el Arca del Pacto y con la imagen del Señor como el dios guerrero que pelea contra los enemigos de Israel. El estribillo del salmo identifica a «Jehová de los ejércitos» como «el Dios de Jacob», y ambos nombres parecen establecer una conexión con las tradiciones más antiguas de Israel, aunque nada quita que sean un uso poético posexílico de esas antiguas tradiciones.

La última estrofa llama a la congregación a venir a ver los portentos y las obras del Señor, que se definen, en este caso, en una serie de imágenes de proeza militar. La RVR traduce el versículo 8 «Venid, ved las obras de Jehová, que ha hecho portentos en la tierra», alejándose del significado que más correctamente representó la RVR60: «Venid, ved las obras de Jehová, que ha puesto asolamientos en la tierra». Puesto que «asolamientos» es una palabra arcaica, hoy sería mejor traducir *'asher-sam shammot* como «que ha causado horrores». Así, el salmo usa la imagen del guerrero victorioso, pero también temible y terrible, para referirse al Señor. La fórmula «venid y ved las obras de Jehová» tiene un paralelo muy cercano en el salmo 66:5, pero con un contexto distinto. En el salmo 46, el Señor acaba con las guerras, destruye las armas y es el único que puede decir: «Estad quietos y conoced que yo soy Dios; seré exaltado entre las naciones; enaltecido seré en la Tierra». El salmo concluye repitiendo el estribillo y dando testimonio de una fe firme en el poder final del Dios de Israel, ante quien las armas humanas no tendrán poder.

Salmo 47

Este breve salmo cae dentro de la categoría de «himno congregacional» o «himno de la comunidad» (Gerstenberger I, 198). El problema es determinar si es un himno preexílico o posexílico. Es importante hacer la distinción, ya que el contexto histórico en una Jerusalén, capital del reino de Judá y sede de un rey del linaje de David, sería muy diferente de un contexto en una congregación judía del período persa, sometida a dominación extranjera. Más que difícil, el problema es imposible de resolver con la escasa información que nos proporciona el salmo. El encabezamiento lo identifica como un *maskil* (según RVR, «salmo», pero es palabra de sentido incierto) de los hijos de Coré que, como se verá en el versículo 7, es lo que el salmo mismo aparentemente se llama.

El problema que presenta el salmo para nosotros hoy es su tono y contenido extremadamente nacionalista y la visión imperial de Dios que presenta. La primera estrofa del salmo (1-4) comienza dirigiéndose a todos los pueblos con dos verbos imperativos, dándoles órdenes de aplaudir («batid las manos») y de dar gritos de alegría, antes de dirigirse a la congregación («nosotros»), y luego explica la razón: «Porque Jehová el Altísimo es temible, rey grande sobre toda la Tierra». Éste es un rey conquistador que someterá a pueblos y naciones «debajo de nuestros pies». El versículo 4 se refiere aquí, aparentemente, a la tierra de Israel —«la hermosura [mejor, "gloria" u "orgullo"] de Jacob— como «nuestras heredades» en una forma diametralmente opuesta a Amós 6:8, que usa exactamente la misma expresión cuando hace decir al Señor, refiriéndose a Samaria: «Desprecio la grandeza de Jacob, aborrezco sus palacios; entregaré al enemigo la ciudad y cuanto hay en ella».

La segunda estrofa (5-7) ha suscitado diversas opiniones acerca del significado del versículo 5. Se puede tratar de una imagen de la entronización del Señor como un rey (véase el versículo 8), o de una procesión del Arca o, tal vez, de ambas cosas. En todo caso, la estrofa es el centro de gravedad poética del salmo y contiene, en los versículos 6 y 7, su pasaje más animado, con la exhortación repetida cinco veces: «¡cantad!», que le marca el ritmo y le da movimiento. Dentro del marco que provee esa exhortación repetida, el pasaje contiene una progresión que identifica a quién se ha de cantar: «a Dios… a nuestro Rey» e identifica la razón y la clase del canto: «porque Dios es el Rey de toda la tierra…». Está claro que *maskil* se refiere al tipo de salmo que es, y que no podemos decir más que eso —cosa que reconoció el autor del encabezamiento. La RVR trata de traducir *maskil*, como otros han hecho y, por lo tanto, dice «con inteligencia».

La tercera y última estrofa (8-10) es una aclamación de Dios sentado en su trono, reinando «sobre las naciones», recibiendo el homenaje de «los príncipes de los pueblos», que se reúnen «como el pueblo del Dios de Abraham» —o, con una pequeña enmienda que muchos comentaristas y traducciones modernas prefieren, «con el pueblo del Dios de Abraham». Los «escudos de la tierra» son símbolos de la victoria de Dios sobre las naciones. El resultado: «¡Él es muy enaltecido!».

Salmo 48

El salmo 48 es un «himno de Sión», es decir, un himno congregacional cuyo tema son las glorias de Jerusalén/Sión, «la ciudad del gran Rey». Es posible que su composición sea preexílica; pero es posible, también, que venga del período posexílico del segundo Templo, ya que no sería insólito que el poeta usara deliberadamente imágenes y referencias arcaicas ya en su tiempo. Es posible también, aunque no seguro, que, en este caso, el salmo haya sido uno de los «salmos de peregrinaje», también llamados «graduales», de los cuales son ejemplo los salmos 120-134. Es curioso que el encabezamiento le da dos títulos: *shir* (RVR: «cántico») y *mizmor* (RVR: "salmo"). Si pudiéramos decir que este salmo representa los «cánticos de Sión» a que se refiere el salmo 137:3, veríamos, más claramente, la crueldad que expresa la burla de los babilonios en el salmo 137.

Salmos

La primera de las cuatro estrofas (1-3) comienza con una aclamación al Señor que sirve para introducir el tema de la ciudad y de Sión: «Grande es Jehová y digno de ser en gran manera alabado en la ciudad de nuestro Dios, en su monte santo». Desde este punto en adelante, el salmo enfoca su visión sobre la ciudad, sus defensas, palacios y templo, y sobre su situación geográfica en el monte Sión. La traducción de *yefe nof* en el versículo 2 (RVR «hermosa provincia») debe corregirse a «hermosa de altura» o, tal vez, a «hermosa cumbre», que no solamente es más fiel al texto hebreo, sino que encaja mejor en el versículo. El salmo alude al Monte Sión con la frase *yarketey tsafon*, que la RVR traduce «los lados del norte». Esta frase es bien conocida, no sólo en el Antiguo Testamento (véase Is 14:13,15; Ez 38:6,15 y 39:2); pero aparece, también, en la literatura cananea de Ugarit, con referencia a la morada de los dioses en «las partes más remotas del norte (Tsafon)». Este último término se refiere al Monte Tsafon (Zafon) en Siria, y es, también, la palabra que significa «norte» en el hebreo bíblico. Allí, dice el salmo, igualando al Monte Sión de Jerusalén con Tsafon, está «la ciudad del gran Rey».

En la segunda estrofa (4-8) hacen su entrada «los reyes de la tierra», enemigos que —casi cómicamente— salen huyendo con sólo ver la grandeza de la ciudad. El salmista se burla de la impotencia de esos enemigos con dos vívidas imágenes. En la primera, son como mujeres con dolores del parto, que les vinieron de repente en su fuga precipitada. La segunda se refiere a las «naves de Tarsis» que Dios destruye con un viento del este (RVR «viento solano»). Tarsis era un lugar en el extremo oeste del Mar Mediterráneo. El lugar exacto no se ha descubierto, pero parece haber estado en las marismas de la desembocadura del Río Guadalquivir, en España. Era allí que las mejores y más arriesgadas naves de los fenicios iban a mercar el estaño y la plata de las minas ibéricas. Sobre todo al regresar del oeste, con costosas y pesadas cargas de mineral, un viento contrario les sería desastroso. «En la ciudad de Jehová de los ejércitos», dice el salmista, hemos visto tal como hemos oído, refiriéndose a la idea de la inviolabilidad de Sión, la que «afirmará Dios para siempre»; o mejor, «Dios ha establecido para siempre».

La tercera estrofa (9-11) se refiere al elemento congregacional del salmo, con una expresión de confianza en la misericordia (mejor, «lealtad») de Dios que tiene origen «en medio de tu Templo». Éste es el centro de una esfera de loor al Señor que se expande «hasta los fines de la tierra». En el versículo 11, ya que claramente Sión representa a Jerusalén, debemos leer «las hijas de Judá», como una frase paralela, con el sentido muy frecuente de «los pueblos de Judá».

66

La exhortación con la que el salmo termina es una de las imágenes más originales y hermosas del Salterio, y puede darle apoyo a la idea de que el salmo 48 se utilizaba en ritos de peregrinaje a Jerusalén. Asumiendo que un peregrino, tal vez, venido de la diáspora o de una de las «hijas de Judá», ha llegado a Jerusalén, tal vez por primera vez, el salmo lo exhorta a recorrer el perímetro de la ciudad por fuera de sus murallas, a contar sus torres y a admirar sus castillos y palacios; pero no para satisfacer la curiosidad de un turista. La razón es «para que lo contéis a la generación venidera»; es decir, para que la tradición continúe con un número siempre creciente de jóvenes que aprendan que «este Dios es Dios nuestro eternamente y para siempre».

Salmo 49

Lo primero que resalta en el salmo 49 es su carácter sapiencial. En la primera sección del salmo, una introducción en la que el salmista, en cierto sentido, presenta sus credenciales a una audiencia universal (1 y 2); el poeta usa deliberadamente términos característicos de las escuelas sapienciales, y que conocemos principalmente por la literatura sapiencial, como Proverbios o el Eclesiastés: *jachemot* (una forma tardía de *jochma*) «sabiduría» y *tebunot*, «inteligencia», en el versículo 3; *mashal*, «proverbio» y *jidah,* «enigma», en el 4. El salmista se presenta como un maestro; pero es curioso que ofrece el producto de su sabiduría no en la forma prosaica de un sermón o plática, sino acompañándose con el arpa (o mejor, la cítara), es decir, cantando o salmodiando (versículo 4) sus palabras.

Si consideramos los versículos 12 y 20, dos versiones casi idénticas del mismo estribillo, corrigiendo en el 12 la palabra *yalin* (pasar la noche, quedarse: RVR «para siempre») y leemos, como en el versículo 20, *yabin* «entiende», o viceversa, podemos considerar que el resto del salmo se divide en dos partes, cada una terminada por el dicho estribillo: 5-12 y 13-20. En el primero, podríamos traducir: «Los seres humanos no pueden quedarse en su gloria; son como las bestias que perecen». Y en el segundo: «los seres humanos que gozan de honores, pero no entienden, son como bestias que perecen». La primera alternativa parece ajustarse mejor al mensaje del salmo.

La primera de las dos partes plantea el problema que, en forma más extensa y con resultados distintos, ocupa, también, al Eclesiastés: la validez de los logros humanos ante la inevitabilidad de la muerte. Sobre todo, el salmo considera las riquezas y la posición social bajo esta rúbrica: «los que confían en sus bienes y de sus muchas riquezas se jactan, ninguno de ellos podrá… redimir al hermano… para que viva en adelante para siempre, sin jamás ver corrupción» (6-9). Pero ni siquiera la sabiduría ofrece una solución: «aun los sabios mueren... perecen del mismo modo que el insensato y el necio, y dejan a otros sus riquezas» (10). La segunda parte introduce la imagen chocante de la muerte como un pastor que conduce a su rebaño de humanos condenados al seol —la región de polvo y tinieblas donde la vida se extingue. El versículo 14 les presenta el peor problema a los traductores de este salmo: la traducción literal del texto hebreo, sobre todo, de la frase «los rectos se enseñorearán de ellos por la mañana» no tiene mucho sentido. Con enmiendas menores, el texto se puede leer como «los hará descender directamente allí». Esto evitaría la dificultad de tener que explicar quiénes son «los rectos». En el versículo 15, el salmista expresa, sin que nada de lo que precede o sigue lo justifique, una fe excepcional: «Pero Dios redimirá mi vida [o "me redimirá"] del poder del seol, porque me tomará consigo».

Los últimos versículos de esta parte (16-19) se dirigen directamente a la audiencia, con una exhortación que resume la lección del salmo: no te preocupes cuando veas a alguien enriquecerse y jactarse, pues todos moriremos. Tal vez, para el salmista, una fe como la que expresó en el versículo 15 es la única respuesta a esa verdad difícil.

Salmo 50

Este salmo —y, como veremos, muy posiblemente, el siguiente también— puede ser parte de una liturgia de exhortación al arrepentimiento o, como la llama Alonso Schökel, una «liturgia penitencial» (*Salmos* I, 711). Estos dos salmos pueden interpretarse muy bien como parte de la predicación de un grupo en el Israel exílico o posexílico —tal vez, levitas (Gerstenberger, *Psalms* 1, 207), cuyo mensaje tuvo como fondo la desolación que dejó la destrucción del Templo. Es interesante que el encabezamiento del salmo lo atribuye a Asaf, fundador de uno de los linajes de los levitas (1 Cr 6:39). Como algunos profetas preexílicos ya habían proclamado, el culto sacrificial del Templo no era para estos predicadores lo más importante que el Señor requiere. Más que becerros y machos cabríos, lo que Dios requiere y recibe con agrado son los «sacrificios de alabanza» y el orden moral de la vida (50:23) y, como dice el salmo 51: «Los sacrificios de Dios son el espíritu quebrantado; al corazón contrito y humillado no despreciarás tú, oh Dios» (17).

El salmista elige, para presentar esta lección, una forma casi dramática que también emplearon varios otros escritores del Antiguo Testamento: el careo judicial en el que se enfrentan dos adversarios ante una corte de testigos, que idealmente se resolvía con la rendición y acatamiento de uno u otro. El primer capítulo de Isaías es un buen ejemplo del uso poético del principio de esta escena, es decir, de la acusación. Tenemos otro ejemplo en los últimos capítulos de Job, donde ante la larga diatriba con la que el Señor lo increpa (Job 38:1–41:34) , Job se rinde (42:1-6) y abandona su acusación: «Por eso me aborrezco y me arrepiento en polvo y ceniza» (42:6).

El primer versículo introduce, muy formalmente, a «el Dios de dioses, Jehová», quien, resplandeciente, toma su lugar en «Sión, perfección de hermosura» para testificar contra su pueblo, Israel. Ya que Dios es el personaje que aparece a dar testimonio, el salmista también combina elementos de la tradición de la teofanía, que en el Antiguo Testamento, frecuentemente, se acompaña con manifestaciones de la violencia natural. En este caso, son el fuego y la tempestad (véase Job 38:1). El acto de convocar a los cielos y a la tierra al juicio (4) se basa en el proceder acostumbrado de los careos jurídicos (véase también, por ejemplo, Is 1: 2). Es posible malinterpretar el versículo 8, pero a la luz de lo que sigue, está claro que lo que dice el Señor a su pueblo fiel es que no les reprocha la ausencia de los sacrificios y holocaustos, dada la ruina del Templo: «están continuamente delante de mí». Dios, el dueño de todos los animales del mundo, no tiene necesidad de sacrificios: «¿He de comer yo carne de toros o beber sangre de machos cabríos?» (13).

Lo que requiere Dios es el sacrificio de alabanza, es decir, la adoración y la oración, que se cumplan los votos a él hechos y, que en momentos de necesidad o angustia, su pueblo le invoque y reconozca sus acciones liberadoras (14, 15). Además, Dios requiere que su pueblo mantenga un compás moral y reprende «al malo» porque «aborreces la corrección y echas a tu espalda mis palabras» para enredarse en robos, adulterios, engaños y calumnias hasta contra sus propios hermanos. Y lo peor de todo es que, porque Dios hasta este momento no los había reprochado por sus acciones, le han hecho cómplice de ellas: «pensabas que de cierto sería yo como tú» (21).

El salmo concluye, en los versículos 22 y 23, con una advertencia directa a «los que os olvidáis de Dios» y con una nueva exhortación a todos a ofrecer «sacrificios de alabanza» y a andar por el camino donde Dios les hará ver su salvación.

Salmo 51

Un editor postrero le atribuyó este salmo —que es, técnicamente, una plegaria penitencial— a David «cuando, después que se llegó a Betsabé, vino a él Natán el profeta» (véase 2 S 11 y 12). Si bien la atribución histórica es forzada, la situación corresponde perfectamente al carácter del salmo.

Leyéndolo por separado, el salmo 51 (50 en la tradición de los textos griego y latino) es el salmo penitencial por excelencia, el «miserere» de las liturgias medievales. Leyéndolo a seguidas del salmo 50, el 51 desempeña la función de la respuesta arrepentida, la rendición y acatamiento de culpa del acusado que se sabe convicto y desarmado ante su acusador.

El propósito del proceso de careo jurídico, del que hablamos en el caso del salmo 50, era obtener una reconciliación entre las dos partes. Cuando se usa ese modelo para hablar de la reconciliación entre Dios y el humano, es natural que éste comience, como lo hace el salmista, pidiendo piedad y confiando en la misericordia divina. Haciendo a un lado, por el momento, a los versículos 18 y 19, que parecen ser una añadidura tardía, podemos ver que la petición es lo que define el contenido del salmo: desde el «ten piedad» («miserere» en latín), con que comienza el primer versículo, hasta el «abre mis labios» del versículo 15, hay una letanía de dieciséis peticiones, catorce de ellas —las positivas— expresadas con el imperativo, y las dos negativas del versículo 11, con la partícula negativa 'al y la segunda persona del imperfecto yusivo. Es decir, que el salmista usa, una vez tras otra, la forma gramatical clásica y clara de expresar sus ruegos, para no dejar duda de su postura de dependencia y sumisión ante Dios: «ten piedad de mí... borra mis rebeliones... lávame de mi maldad... límpiame de mi pecado...» en los primeros dos versículos.

La letanía de ruegos se interrumpe dos veces. La primera de ellas se encuentra en los versículos 3-6 con una confesión de culpa, elemento esencial en un proceso jurídico; es decir, una declaración pública que establece tanto la culpabilidad del acusado: «yo reconozco mis rebeliones... he hecho lo malo delante de tus ojos» como la justificación de su acusador al acusarle: «para que seas reconocido justo en tu palabra». Los versículos 5 y 6 concluyen este interludio con alusiones a dos operaciones que, en contraste a los 3 y 4, tienen lugar en lo más interior y privado: «en pecado me concibió mi madre... en lo secreto me has hecho comprender sabiduría».

Los versículos 7-12 continúan los ruegos, repitiendo la idea, si no las palabras exactas, que se interrumpieron en el 2: «purifícame con hisopo... lávame». El salmista ruega por lo que sabe serán resultados de la gracia divina: «hazme oír gozo y alegría... »; por la absolución de sus culpas: «esconde tu rostro de mis pecados y borra todas mis maldades»; y por la gracia regeneradora: «¡Crea en mí, Dios, un corazón limpio, y renueva un espíritu recto dentro de mí!». Así podrá, como el hijo pródigo, recobrar la relación perdida: «no me eches... no quites de mí tu santo espíritu... devuélveme el gozo de tu salvación». Un ruego más (14a), «Líbrame de homicidios... », parece pertenecer a esta lista, pero está mezclado con el voto de alabanza que comienza con el versículo 13, posiblemente, para encadenar las dos secciones. El voto mismo incluye la promesa de cantar la justicia de Dios —precisamente, lo que hace este salmo— y de así enseñar, no a la congregación de los santos, como es usual en salmos de este género, sino a transgresores y pecadores. El último ruego, que claramente pertenece al voto: «Señor, abre mis labios y publicará mi boca tu alabanza», introduce finalmente la idea, que ya se vio en el salmo 50, de que el Señor no quiere ni sacrificios ni holocaustos, sino «el espíritu quebrantado [y el] corazón contrito y humillado». El salmo, originalmente, terminaba aquí. Los versículos 18 y 19, una plegaria por la reconstrucción de Jerusalén y de sus murallas para que puedan volver los sacrificios, holocaustos y ofrendas de becerros sobre el altar, tienen que haber sido añadidos después de la composición original, por alguien que o no comprendió, o no compartió, la idea principal de este salmo y del que lo precede.

Salmo 52

Este salmo es difícil de clasificar. En primer lugar, con la excepción del último versículo, no se dirige a Dios, ni tampoco a una congregación. Simplemente dicho, es una diatriba o invectiva que un individuo le dirige a otro. No es sorprendente que alguien, con la consabida intención de conectar ciertos salmos con incidentes en la historia de David, le puso un encabezamiento que intenta relacionarlo con el que narra 1 Samuel 21 y 22. Doeg, el idumeo, siervo de Saúl, delató a Ahimelec, sacerdote del santuario de Nob, por haber prestado ayuda a David cuando iba huyendo de Saúl, y también llevó a cabo la matanza de Ahimelec y su familia según las órdenes de Saúl.

En el primer versículo, el salmista dirige sus improperios a un «poderoso» (*gibbor*), palabra que puede denotar un guerrero adiestrado y bien armado, o un hombre rico —algo semejante a la palabra «caballero» en castellano. La causa inmediata es que éste se jacta; pero ¿de qué? La segunda parte del versículo, que la RVR traduce «¡La misericordia de Dios es continua!» presenta un problema, puesto que esa traducción, basada en la palabra *jesed* («misericordia») no encaja muy bien en lo que dice el poeta. Por eso, varios traductores han sugerido alternativas, ya basadas en una pequeña enmienda de *jesed* a *jasidim* (para leer «te jactas... de la maldad que haces a los piadosos continuamente»), o en el otro sentido de *jesed*, que en Levítico 20:17, con referencia al incesto, lo califica de «infamia» (DBHE). En ese caso, el versículo se podría traducir «afrentas a Dios continuamente».

En los versículos 2-4, la imagen de la lengua del malvado como una navaja afilada (la palabra *ta'ar* se refiere a la navaja que se usaba para rasurar la barba, o al cortaplumas que era parte del equipo de todo escriba, hojas muy afiladas y fáciles de esconder) es muy efectiva. Esa es el arma idónea del que ama el mal más que el bien y la mentira más que la verdad, a quien el poeta reduce a su característica más saliente: «¡Lengua mentirosa!» (4b). Con gran habilidad poética, y usando verbos poco frecuentes y cuidadosamente escogidos, el versículo siguiente (5) le habla al malvado —al que acaba de llamar «lengua mentirosa»— en términos que sugieren algo detrás del significado obvio. «Dios te destruirá [*ntts*, mejor, "quebrará"]... , te arruinará [*jth*, mejor, "arrastrará"] y te echará [*nsj*, mejor, "arrancará"] de tu casa, te desarraigará (*shrsh*) de la tierra de los vivientes». Lo que se sugiere tras esas palabras es otra imagen horrible: la del castigo, bien conocido en la antigüedad, de arrancarla la lengua a un reo. Esta terrible acción tiene el efecto esperado. El versículo 6 continúa con la reacción de los «justos» (*tsaddiqim*), escarmiento para los malvados, y escarnio público para quien confió más en sus riquezas que en Dios, «y se mantuvo en su maldad».

El salmo termina con una declaración de confianza en Dios por parte del poeta, que comienza con una hermosa variación de la imagen del justo como «árbol plantado junto a corrientes de aguas» del salmo 1. En este caso, el árbol es un olivo lozano, plantado «en la casa de Dios», y el salmista así se identifica, proclamando su confianza en la fidelidad/misericordia de Dios (*jesed*) «eternamente y para siempre». Inmediatamente, el salmo cierra (9) con un voto de alabanza.

Salmo 53

Como ya se dijo en el comentario al salmo 14, el 53 es casi idéntico, siendo dos versiones de un mismo poema que se incluyó en las dos colecciones que hoy llamamos el primer y segundo libros del Salterio. No es extraño, pues, que los encabezamientos sean diferentes. El del 53 añade «sobre Mahalat» (se ignora lo que significa) y «salmo». Hay ciertas diferencias menores entre los dos salmos, entre las cuales resalta la forma de expresar el nombre divino: mientras que el salmo 14 usa «Jehová» (*YHWH*) cuatro veces (versículos 2, 4, 6 y 7) y «Dios» tres, el 53 solamente usa «Dios» (*'elohim*) en los mismos lugares. La mayor diferencia en el texto hebreo se encuentra entre el 14:5-6 y el 53:6 —material que la RVR numera 14:5-6 y 53:5— que debe ser producto de dos tradiciones diferentes o, muy posiblemente, de una corrupción textual.

El salmo, como lo hace también, por supuesto, el 14, condena a los «necios» que, creyendo que «no hay Dios», se dedican a buscar su propio lucro oprimiendo a sus prójimos: «devoran a mi pueblo como si comieran pan, y a Dios no invocan». Si el último versículo es parte del contenido original, el salmo refleja la situación durante el exilio, o tal vez en el período posexílico temprano. Pero por supuesto que la impaciencia con la injusticia, y el ansia de que Dios le ponga fin a la cautividad de su pueblo, son sentimientos que han inspirado, y continúan inspirando, a muchos de los que, viendo la opresión que perdura, aun así dicen en su corazón: «¡Sí hay Dios!».

Salmo 54

El salmo es un breve ejemplo de la queja individual, que el título atribuye a David, como reacción al incidente que relata 1 Samuel 23:14-24, o sea, la traición de la gente de Zif (RVR «los zifeos»), que lo delataron a Saúl. Como es el caso con otros intentos de conectar un salmo con un momento definido de la historia de David, esta información es tardía y dudosa. «Neginot», probablemente, se refiere a instrumentos de cuerdas y es un término musical que aparece en los títulos de media docena de salmos, entre ellos, éste y el que le sigue.

El salmo presenta en forma escueta y casi esquemática los elementos principales de la queja individual: la súplica (1,2), la queja (3), la expresión de confianza (4), la imprecación contra los enemigos (5) y el voto de alabanza (6,7). El estilo es llano, casi diríamos, prosaico y, por tanto, no hay imágenes sorprendentes ni otros elementos notables en el salmo. El poder de esta breve plegaria de un individuo acosado por enemigos se funda, precisamente, en su sencillez. En cuanto a contenido teológico, se puede mencionar el uso del concepto del «nombre» de Dios (versículos 1 y 6) que, posiblemente, se puede conectar con la bien conocida «teología del Nombre» que es característica del Deuteronomio y de la historia Deuteronómica.

Salmo 55

El salmo 55 es, como el anterior, un salmo de queja individual y, su título, con excepción de la referencia a algún evento en la historia tradicional de David, es el mismo: «Al músico principal; en *Neguinot* (con cuerdas). *Masquil* (tipo de salmo) de David». Pero el salmo 55, usando el mismo esquema que dictó su género, y que tan escueto resultó en el 54, presenta una riqueza de imágenes y una disposición a expresar la introspección del poeta, que lo hacen una obra completamente diferente, cuya poesía es, de veras, rica y evocativa.

La invocación y súplica comienza en los versículos 1 y 2 en forma tradicional, dirigiendo a Dios los ruegos de costumbre: «escucha... no te escondas... atiéndeme... respóndeme», pero, inmediatamente, en el 2b, pone una nota muy personal, a la que es preciso darle una traducción más exacta que la de la RVR: «Clamo en mi oración, y me conmuevo». Sería mejor traducir: «Me desasosiego en mi lamentación, me perturbo», para darse cuenta del sufrimiento que expresa el salmista. Aunque en el versículo 3 vuelve a las fórmulas tradicionales para referirse al enemigo y al impío, más adelante en el salmo nos hará ver la razón de su amargura: sufre por la traición de un amigo íntimo (versículos 12-14). Volviendo a la queja, en los versículos 4 y 5 el poeta describe el sufrimiento interno que lo aprisiona, para del 6 al 8 liberarse y escapar, en su imaginación, con la bella imagen de las «alas como las de paloma», y la del vuelo al desierto para escapar de la tempestad.

En los versículos 9-11, el salmo se refiere a «ellos», es decir, al grupo o clase de enemigos, para rogarle Dios que los destruya, pidiendo que les «confunda» (literalmente, que les «divida») la lengua, como traducen la Vulgata y la Septuaginta. Aunque el vocabulario no es el mismo que el de Génesis 11, la extensa referencia a la ciudad llena de violencia, rencillas y cosas parecidas en los versículos 9b al 11, nos hace pensar en el castigo de la generación de la Torre de Babel, así como la muerte repentina del versículo 15 nos trae un eco de Sodoma y Gomorra. Del 12 al 14 y, también, en el 20 y en el 21, el salmista habla mucho más personalmente de un enemigo que fue su amigo íntimo, su compañero en el Templo, pero que se ha revelado como un traidor que «extendió... sus manos contra los que estaban en paz con él [y] violó su pacto». De nuevo, demuestra su don de concebir imágenes el salmista cuando dice que las palabras mentirosas del traidor son por fuera suaves como mantequilla o aceite, pero por dentro, guerra y espadas.

En los versículos 16-19 el salmista expresa su confianza en que Dios lo salvará, ya que él le dirige sus plegarias tres veces al día: «en la tarde, al amanecer y al mediodía» (17) —las tres ocasiones diarias de oración que se hicieron costumbre para algunos grupos religiosos, ya en el período posexílico (véase Dn 6:10). Los malos, por supuesto, van a dar, finalmente, al «pozo de perdición» y «no llegarán a la mitad de sus días» (23), pero Dios salvará a los justos. La exhortación que se encuentra en el versículo 22 es una de las líneas más hermosas del salmo: «Echa sobre Jehová tu carga y él te sostendrá; no dejará para siempre caído al justo».

Salmo 56

El título del salmo 56 incluye la frase «La paloma silenciosa en paraje muy distante» que, tal vez, pueda haber sido el nombre de una melodía; pero hay otras posibilidades. Gunkel sugirió que con enmiendas leves, el texto se puede traducir «en el modo griego de las islas distantes» (*An Introduction to the Psalms*, 350). El incidente a que se refiere el encabezamiento, «cuando los filisteos lo apresaron en Gat» parece ser el que relata 1Samuel 21:10-15. El salmo es una queja individual, directa y sencilla, pero, también, elegante. El versículo 4 es un estribillo que se repite, en forma aumentada, en el 10 y en el 11.

Después de su breve invocación y súplica (dos palabras en el texto hebreo) «Dios, ten misericordia de mí», la primera estrofa del salmo (1-4) presenta una imagen muy física de la opresión que sufre el salmista. La mejor manera de presentarla es volverla a traducir, precisando que el verbo que la RVR traduce «devoraría» en el versículo 1 es exactamente el mismo que, correctamente, traduce «pisotean» en el 2 (el mismo verbo que denota la acción de pisar la uva en el lagar): «Dios, apiádate de mí, porque la gente me pisotea: me oprime. Mis enemigos me pisotean todo el día, pues son muchos los que pelean contra mí, Altísimo» (*marom*; véase Miqueas 6:6). Es una situación de acoso diario y persistente. Desde lo profundo de esa situación temible (3) surge la afirmación de confianza, y se deja oír, por primera vez, el estribillo: «En Dios, cuya palabra alabo, en Dios he confiado [mejor, "confío"]. No temeré. ¿Qué puede hacerme el hombre [mejor, "la gente"]?».

La estrofa siguiente (5-7) cambia la imagen de acoso físico a una de conspiración contra el salmista: «se reúnen [mejor, "acechan"], se esconden, miran atentamente [mejor, "vigilan"] mis pasos como quienes acechan [mejor, "ansían"] mi alma», y le dirige a Dios una plegaria directa por la derrota de esos enemigos. El versículo 8 gira sobre dos juegos de palabras: *nodi*, ‹mi destierro› (RVR, "mis huidas")» con *benodekha*, «en tu odre» (RVR, «en tu redoma») y *safarta*, «tú has contado» con *besiferatekha*, «en tu rollo» (RVR, «en tu libro»).

El toque de gracia está en que cuando traducimos el versículo «mis destierros has contado; pon mis lágrimas en tu odre: ¿no es en tu rollo?» se revela una imagen del libro en el cual Dios cuenta los destierros del salmista —un rollo de cuero— que se transforma en un odre —también de cuero— lleno de las lágrimas del desterrado. Como el versículo 3, pero más extensamente, el 9 introduce el estribillo con una expresión de confianza: «Serán luego vueltos atrás mis enemigos, el día en que yo clame. Esto sé: Dios está a mi favor». El estribillo (10 y 11) añade una frase que se refiere al Señor por el nombre de «Jehová», entre las referencias a Dios como «Elohim», que vimos en el versículo 3.

En los versículos 13 y 14, el salmo termina con el voto de alabanza de costumbre en este género. La última frase se debe traducir «en la luz de la vida».

Salmo 57

El título de este salmo contiene la expresión *'al tashjit*, que también aparece en los títulos de los dos salmos siguientes (58 y 59) y en el del 75. Si se traduce literalmente, quiere decir «no destruyas», pero no sabemos a qué se refiere la frase. El intento de conectar el salmo a la historia de David, que también está presente en el título, lo refiere a la fuga de David a la cueva de Adulam en 1 Samuel 22: 1-2. El salmo es otro ejemplo de la queja individual, en la que un individuo, acosado por adversarios, le ruega a Dios que lo salve, condena a sus enemigos, y le promete alabanzas a Dios por su ayuda. Este salmo le da énfasis al elemento de acción de gracias y de alabanza, que es más extenso que el voto breve del salmo 56, por ejemplo.

El salmo comienza directamente con una figura que aparece tres veces, y que le da un sentido de energía propulsora: la repetición de un elemento verbal antes y después del nombre del sujeto al que se dirige. Así, en el versículo 1 dice «ten misericordia de mí, Dios, ten misericordia de mí», con lo que le presta urgencia a la súplica. La segunda está en el versículo 7, donde la traducción de la RVR encubre un poco la figura y su sentido, que depende, en parte, del reflejo intencional de la súplica en el 1 en el comienzo del voto de alabanza en el 7. La traducción debe ser: «Listo está mi corazón, Dios, listo está mi corazón», es decir, listo a cantar y entonar salmos, como lo dice el resto del versículo. El salmo 108, que comienza repitiendo los versículos 7-11 de este salmo, solamente dice «Mi corazón... está dispuesto» una vez. La tercera figura elabora esa idea de dar alabanza a Dios en el versículo 8, donde el salmista se dirige a su «gloria» o a su «honor» (*kevodi*, RVR «alma mía»), es decir, a su arte poética y musical, para cumplir su voto. El versículo, en ese caso, dice: «¡Despierta, mi gloria, despierta! ¡El arpa y la cítara descubriré de mañana!» y continúa la idea en el 9: «Te alabaré entre los pueblos, Señor; cantaré de ti entre las naciones». El salmo 108 repite el mismo versículo, pero también sin repetir «despierta».

Tres vívidas imágenes ilustran el salmo: en el versículo 1, la «sombra de las alas» de Dios es el refugio del salmista. Los enemigos, en el versículo 4, son leones entre los que el poeta se encuentra. Este versículo es, posiblemente, el más difícil de traducir del salmo, pero con un mínimo de enmienda se puede entender como: «Me encuentro (leyendo *nafshi* como "yo") entre leones, echados para devorar seres humanos; sus dientes son lanzas y saetas, y su lengua, espada aguda». Los enemigos, en el versículo 6, tratan de cazar al salmista con redes y con una trampa que oculta una fosa. Por supuesto, como es común en salmos de este tipo, son ellos los que caen en el hoyo. Dios, llamado «el Dios Altísimo» (*'elohim 'elyon*) en el versículo 2, actúa desde arriba (versículo 3) y un estribillo, que primero se oye en el versículo 5 y que concluye el salmo en el versículo 11, establece el eje vertical por el cual la alabanza del salmista asciende: «¡Exaltado seas, Dios, sobre los cielos! ¡Sobre toda la tierra sea tu gloria!».

Salmo 58

Después del título que, en este caso, no lleva una nota «histórica», pero en lo demás es idéntico al del salmo 57, este salmo nos lleva directamente a un problema insoluble en la segunda palabra del versículo 1. El problema es serio, pues de su solución depende el sentido del salmo entero: ¿contra quiénes dirige su diatriba? Si seguimos el Texto Masorético, que dice *'elem*, es decir, «silente», la línea no tiene mucho sentido. Se han propuesto varias enmiendas posibles, de las cuales la que adopta la RVR parece ser la mejor: «poderosos». Según esa enmienda, el texto diría *'eylim*, plural de *'ayil*, «carnero», que según DBHE se usaba metafóricamente como «título honorífico de magnates, notables, autoridades». Es natural que se use tal imagen, pues, inevitablemente, además de estar en parte arraigada en el campo semántico del vigor, el valor y la supremacía, tiene también raíces en el del machismo, la obstinación y hasta la estupidez. El salmo se dirige a estos «poderosos» y directamente (versículos 1 y 2) los acusa de injusticia premeditada y violenta contra todos: «hacéis pesar la violencia de vuestras manos en la tierra». Primeramente, en el versículo 3, los acusa de haber sido malvados y mentirosos de nacimiento y, después (4-8), ya habiendo usado con tono de ironía la imagen normalmente honorífica de un animal prepotente para referirse a estos gobernantes, adopta un tono sarcástico cuando los compara con víboras, cachorros de león y babosas, antes de cerrar el círculo con una nueva referencia al parto, en este caso malogrado, del «que nace muerto» sin ver el sol. Dentro de ese ciclo, el salmo va de caracterización hostil en los versículos 3, 4 y 5 a petición imprecatoria a Dios (6) que deviene en maldición (7-9) contra los «poderosos» opresores.

Si el primer versículo de este salmo nos presenta un problema porque el texto no está claro, cuando llega al final, nos manifiesta otro peor, porque el texto está demasiado claro. Resistir la opresión de los débiles por parte de los poderosos y ansiar que Dios traiga la liberación para todos es una cosa; esperar con gozo lavarse los pies en la sangre del impío, como dice el salmo (10) es otra muy distinta, y es una tentación que siempre se debe resistir. Hay otras y mejores razones para que el justo diga «Ciertamente hay galardón para el justo; ciertamente hay Dios que juzga en la tierra» (11).

Salmo 59

El salmo 59 es el tercero en la serie que comparte el título «no destruyas» y, como los dos anteriores, es también un salmo de una persona en conflicto con enemigos. El escriba que le añadió el título a este salmo lo atribuyó a David «cuando envió Saúl, y vigilaron la casa para matarlo», aparentemente, con referencia a la historia de cómo Mical salvó a David (1 S 19:11-17). El salmo es, por supuesto, una súplica o queja individual. Los dos primeros versículos le piden a Dios, muy llanamente, que lo salve de «mis enemigos... los que se levantan contra mí... los que cometen maldad... hombres sanguinarios». En los versículos que siguen (3-5), continúa su queja y petición usando expresiones de urgencia, protestando su inocencia y urgiendo a «Jehová, Dios de los ejércitos» a que despierte (dos veces) y venga a auxiliarlo. En esta invocación, el poeta liga su situación de peligro personal con la ofensa de las naciones rebeldes contra la soberanía del Señor, al que instiga: «despierta para castigar a todas las naciones; no tengas misericordia de todos los que se rebelan con maldad» (5). En este punto, como también en el versículo 8, el salmo nos trae a la mente las palabras del salmo 2, y la actitud nacionalista que refleja.

El resto del salmo usa dos pares de estribillos para construir una especie de doble marco —o mejor, de dos marcos entrelazados— que le dan una estructura muy elegante. Se trata, primero, de los versículos 6 y 14 (7 y 15 en el texto hebreo), prácticamente idénticos, que comparan a los enemigos con una jauría de perros famélicos que rondan la ciudad de noche buscando qué comer (15). Son peligrosos por cierto, como las naciones, pero también miserables y dignos de burla (véase el versículo 8). El otro par es un poco más difícil de ver en la traducción de la RVR, aunque está claro en el texto hebreo de los versículos 10,11a y 18 (9,10a y 17 en la RVR), aunque necesita unas leves enmiendas. La primera palabra del 10 es *'uzzo*, «su refugio» y la primera palabra del 17 es *'uzzi*, «mi refugio», y dado lo fácil que es confundir la letra final de una con la otra, parece mejor entender ambas como «mi refugio». La tercera palabra hebrea es *'eshmorah* («esperaré, vigilaré») en el 10 y *'azzamirah* («cantaré») en el 18. Sin sugerir ningún cambio, debemos notar la semejanza fonética de los dos verbos. Ya que las dos últimas palabras del versículo 18 (y del salmo) son *'elohai jasdi* «Dios de mi fidelidad» o «mi Dios fiel» y que, también, las encontramos como las dos primeras del versículo 11, las debemos leer como el final del versículo 10, con la enmienda ya hecha por el texto Masorético de «su fidelidad» (*jasdo*) a «mi fidelidad» (*jasdi*). Después de esto, intentemos la traducción: «Refugio mío, a ti esperaré (9) / cantaré (17), porque eres, Dios, mi fortaleza, mi Dios fiel». La nota de gracia está en la semejanza fonética que subraya la diferencia entre «esperaré» y «cantaré», ya que la primera cae (9) en la parte del salmo que contiene la súplica, mientras que la segunda está, naturalmente, en el voto de alabanza y acción de gracias (16 y 17).

Finalmente, es muy curioso ver lo que el salmista pide que Dios haga con los enemigos que lo amenazan. Por supuesto que, como es de costumbre en salmos de este tipo, pide en el versículo 13 que Dios los destruya con su furor: «¡acábalos, para que no existan más!». Pero eso es después de haber pedido, en el versículo 11, que «no los mates», no por misericordia tal vez, sino como escarmiento y como lección para el pueblo: «¡Sépase que Dios gobierna en Jacob hasta los confines de la tierra!».

Salmo 60

El salmo 60 es una queja congregacional o comunal que, según su contenido, puede haber sido compuesta en la ocasión de un terremoto —si tomamos literalmente lo que dice el versículo 2, que parece ser lo menos probable— o en la ocasión de una derrota militar, si tomamos la mayor parte del salmo, por ejemplo, los versículos 9 -12, en sentido literal. El hecho de que los versículos 6-13 del salmo 60 se repitan en el salmo 108 (que se compone, además, de los versículos 7-11 del salmo 57) hace pensar que es posible que ciertas piezas de uso litúrgico —¿y por qué no el salmo 60 mismo?— hayan sido compuestas combinando pasajes más antiguos que formaban parte del repertorio tradicional del culto de Israel. El editor que le añadió el título a este salmo lo quiso conectar con la historia de las guerras de David en Siria (Aram), que mencionan 2 Samuel 8 y 1 Crónicas 18. El problema es que el salmo se lamenta por derrotas, mientras que la mencionada historia es de victorias. Mientras sabemos lo que significan las palabras «lirios» y «testimonio» (o «lirios de testimonio») en el título, no tenemos idea de lo que quieren decir. Tal vez, como se piensa en otros casos similares, sean el nombre de una melodía.

La invocación de Dios que comienza en el versículo 1 lo recrimina por haber «desechado» y «quebrantado» a su pueblo —y por haberse «airado»—

antes de rogarle que vuelva a los suyos. Lo que sigue en los versículos 2 a 5 es una serie de imágenes. La primera es la del terremoto arriba mencionada. Le sigue la de haber hecho al pueblo «ver cosas duras» (o leyendo con DBHE, «desgracias»), lo que lo lleva a una borrachera de «vino de vértigo» (BDAG), es decir, a un estado de confusión que hoy llamaríamos depresión. La tercera imagen de esta serie, en los versículos 4 y 5, merece clarificación. La segunda cláusula del 4, «que alcen [bandera] a causa de la verdad» depende de traducir *qoshet* como «verdad». Esa palabra aparece una vez en el texto del Antiguo Testamento, en Proverbios 22:21. Allí RVR la traduce «certidumbre» y es, aparentemente, una palabra aramea que en ese mismo versículo está en paralelo con la palabra hebrea *'emet*, «verdad». Pero en el salmo 60:4, es mucho más probable que sea una forma variante de *qeshet*, «arco» o un nombre abstracto, «los arqueros», con cambio de la última consonante de *tau* a *tet* (*HALOT*, DBHE). Así, podríamos leer: «Les pusiste a los que te temen una bandera donde apiñarse [DBHE] ante [el ataque de] los arqueros» es decir, una señal de retirada ante el ataque de las flechas enemigas.

En el versículo 6, Dios empieza a hablar «en su santuario», y lo que pronuncia es la alocución que también reproduce el salmo 108, una especie de arenga en la que el Dios de Israel y de Judá proclama su dominio sobre esas tierras, y también sobre Moab, Edom y la Filistea. Siquem, el valle de Sucot, Manasés y Galaad son o ciudades, o lugares, o territorios asociados con el Reino del Norte, y Dios los puede repartir y medir, ya que es su dueño. Ambos reinos se mencionan seguidamente, con títulos de honor. Efraín (el Reino del Norte, o sea Israel), dice Dios, es «mi yelmo» (RVR: «la fortaleza de mi cabeza») y Judá es «mi cetro» (RVR: «mi legislador»), ambos símbolos del poder y de la majestad de Dios. A seguidas, las naciones vecinas que subyugó David reciben características más humildes y menos honorables: Moab es, dice Dios, «mi jofaina» o, como diríamos en Cuba, «mi palangana», Edom «donde tiro los zapatos», y «sobre Filistea, canto victoria». Es posible que este fragmento sea muy antiguo, y que haya tenido origen en el tiempo de la monarquía temprana, y que, después, haya sido citado en este salmo y en el 108.

Finalmente (9-12), el salmista propone las preguntas retóricas del 9 y 10, para afirmar su convicción de que Dios de nuevo saldrá con los ejércitos de Israel. Con esto introduce la última petición en el 11: «Danos socorro contra el enemigo», y termina con una firme expresión de confianza: «Con Dios haremos proezas, y él aplastará a nuestros enemigos».

Es difícil ignorar el nacionalismo que colorea este salmo, y sería peligroso aplicarlo ciegamente a una situación de conflicto humano. Tal vez, lo mejor sería interpretar los enemigos como peligros espirituales, o como situaciones sociales de opresión, pobreza, prejuicios y otras similares, para poder pedir a Dios que los aplaste.

Salmo 61

El salmo 61 es una breve y hermosa petición: técnicamente, es una súplica individual. Los «enemigos», que de costumbre aparecen como la causa del sufrimiento del salmista en este género de salmo, se reducen, en el 61, a una mención de paso en el versículo 3. El salmo es, aparentemente, la plegaria de un creyente que se ve exiliado, por lo que ruega «desde el extremo de la tierra», y que ansía volver a Jerusalén, a cumplir sus votos en el Templo. También le pide a Dios que le conceda larga vida y reino al rey, con la protección de la fidelidad y verdad de Dios (7). Como es de costumbre, en el género de súplica individual, el salmo termina con una breve promesa de cantar las alabanzas del nombre de Dios diariamente (8). Es sumamente difícil identificar la proveniencia de este salmito, que algún antiguo editor atribuyó a David en el título. Los estudiosos modernos tienden a declararlo posexílico y, tal vez, la referencia al rey tenga entonces que ver con la esperanza de una restauración de la casa de David al trono que ciertos grupos tuvieron en ese período. En todo caso, podemos identificarnos con el ansia religiosa de estar más cerca de Dios «seguro[s] bajo la cubierta de sus alas» (4), y con el afán político de tener un gobierno asegurado por la «misericordia [fidelidad] y verdad» (7).

Salmo 62

El encabezamiento de este salmo, como los del 39 y del 77, usa la expresión «a Jedutún» o «sobre» o «con» Jedutún. Es un nombre propio que aparece entre los de familias levíticas en Nehemías 11:17, pero puede también ser un término musical técnico. El salmo es un «salmo de confianza», es decir, una expresión de confianza en Dios. El salmista no se dirige directamente a Dios hasta el último versículo del salmo (12), dándole un carácter más homilético que de plegaria —se dirige al lector, es decir, al oyente o a la congregación.

Los versículos 2-3 y 6-7 en el texto hebreo (1-2 y 5-6 en la RVR) son casi idénticos, e introducen las dos primeras secciones del salmo con una sentida expresión de confianza en Dios. La primera, versículos 1 al 4, se dirige a los «enemigos». Aunque no los nombra, les habla directamente, acusándolos de querer derribar a «un hombre» —claramente, el salmista— de echarlo abajo como una pared derribada con sus mentiras hipócritas. La segunda, en los versículos 5-8, se dirige al «pueblo» (singular en el texto hebreo), exhortándolo a confiar en Dios y a verter sus corazones delante de él, pues «¡Dios es nuestro refugio!».

La estrofa siguiente (9-10) tiene un claro tono sapiencial; primero, en el versículo 9, declarando que tanto plebeyos como nobles (véase el salmo 49:2, donde la RVR traduce así las mismas expresiones), «pesándolos a todos por igual en la balanza», valen lo mismo, es decir, nada. Habiendo así negado la validez de distinciones basadas en el rango o en la posición social, sigue el salmista en el versículo 10 con un consejo de no confiar ni en la violencia, ni en la riqueza. El salmo termina con una afirmación de «que de Dios es el poder» que sigue, en el versículo 11, a un ejemplo de un modelo de expresión característico de la antigua poesía cananea y de la sapiencial hebrea: usar «uno... y dos...» u otras series semejantes, para expresar un número indefinido. Job 33:14 es un ejemplo de la misma expresión que el versículo 11 de nuestro salmo, pero la traducción de la RVR la cambia en «de una u otra manera habla Dios». Lo que tantas veces ha dicho Dios, la respuesta a las falsas confianzas en la clase y el rango, en la violencia o en la riqueza de los versículos 9 y 10, es «que de Dios es el poder». Y en el versículo 12, el punto final es una breve oración de alabanza en la que el salmista reconoce esa realidad: «tuya, Señor, es la misericordia (o fidelidad, *jesed*), pues tú pagas a cada uno conforme a su obra».

Salmo 63

Llevado por la referencia a la «tierra seca y árida, donde no hay aguas» del versículo 1, algún editor le puso al salmo 63 el título «de David, cuando estaba en el desierto de Judá». El autor parece haber sido un sacerdote, lo que nos hacen sospechar las imágenes que parecen conectarlo con el Templo —el versículo 2, por ejemplo. La «médula y grosura» (o enjundia y grasa) del versículo 5 también pueden referirse al banquete sacrificial, del cual solamente los sacerdotes tomarían parte. Recordemos, también, que la palabra *nefesh*, que la RVR traduce «alma» en este salmo, significa también garganta, apetito, resuello y aliento, además de «alma». El autor, pues, recuerda con deleite su servicio en el santuario, y ansía volver desde su «desierto», buscando con ansia a Dios desde que se levanta en la madrugada (1) hasta que se acuesta; y aún se acuerda de Dios en las vigilias de la noche (6).

Después de una breve pero vívida imprecación contra sus enemigos (9 y 10), sigue el salmista con una bendición al rey en el 11, y termina el salmo con una imprecación final contra «los que hablan mentira».

Salmo 64

Este es un salmo de queja o súplica individual y, como tantos otros, lo que pide el salmista es protección contra sus enemigos: «guarda mi vida del miedo a los enemigos», dice en el versículo 1. Estos enemigos, aparentemente, pertenecen a la misma comunidad que el salmista, pero se dedican a la calumnia y a la conspiración contra él. El salmo usa imágenes derivadas de la cacería, como la emboscada de los versículos 3 y 4, o las trampas del 5; y Dios les pagará en la misma moneda (véase el versículo 7). El versículo 6 contiene un triple juego sobre el verbo *josh*, una raíz verbal que puede significar varias cosas. En vez de «Planean maldades, hacen una investigación exacta», Alonso Schökel traduce el mismo texto y reproduce en castellano el juego de palabras hebreo: «Traman crímenes, ocultan la trama tramada».

Los versículos 7 y 8 son una imprecación contra esos enemigos, de la que el 9 anuncia el resultado: al ver la caída de ellos, «todos los hombres» (*kol 'adam*, en el sentido más general) temerán y anunciarán la obra de Dios, mientras que en el versículo 10 «el justo» y el recto de corazón —posiblemente, en un sentido restringido al círculo del salmista— «se gloriarán».

Salmo 65

Este salmo es, en su espíritu, un himno, aunque en su forma exterior le faltan algunos de los elementos característicos de un himno en el Salterio, como, por ejemplo, la exhortación a dar gloria al Señor. Además, el poeta se dirige a Dios en la segunda persona, mientras que los himnos, normalmente, hablan de él en la tercera. El himno se divide en tres partes: la primera (1-4) alaba a Dios en Sión, donde Dios oye las oraciones de «toda carne», es decir, de todos los seres humanos y donde, también, perdona las rebeliones de su pueblo. El versículo 4 contiene una bienaventuranza, pero en vez de bendecir una obra o actitud humana, la bienaventuranza se refiere al que «tú escojas y atraigas a ti», es decir, es la elección y la gracia divina la que la confiere.

La segunda parte (versículos 5-8) se refiere a las obras imponentes de Dios, primero, en la Tierra —montes y mares— donde impone su poder, luego entre las naciones, «los habitantes de los confines de la tierra», a los cuales sus maravillas infunden temor y, por último, en los cielos, donde impone el orden de sucesión de días y noches (8b).

La tercera (9-13) es la parte más bella del poema, una imagen —más bien una sucesión de imágenes— que describen la bondad de Dios como quien provee cada año el agua que hace posibles los plantíos y las cosechas en los campos, los pastos en las tierras áridas del desierto, los con campos de grano en el secano y las manadas de ovejas en los llanos. Más que de la congregación, las alabanzas que concluyen el salmo vienen, dice el poeta, de los collados, los valles y los llanos que Dios así bendice.

Salmo 66

Como indica la RVR en una nota, el salmo se divide en tres partes. Las dos primeras están en plural y son, por tanto, congregacionales o comunitarias. La primera parte, del versículo 1 al 7, es un himno de alabanza. Las segunda, del 8 al 12 es un himno de acción de gracias. La tercera parte, del versículo 13 al 20, es un himno de acción de gracias, pero en la voz singular de un individuo. Esto puede ser indicio de que el salmo que hoy tenemos en el Salterio es una combinación de, por lo menos, dos —y quizás tres— piezas anteriormente independientes.

Breves alusiones al éxodo de Egipto y al cruce del Jordán en el versículo 6 y, posiblemente, al exilio en Babilonia en los 10-12, en combinación con las referencias a los sacrificios en el Templo en los 13-15, hacen probable una fecha durante el período del Segundo Templo.

Las primeras dos partes del salmo, con su carácter de salmo congregacional, hablan de la experiencia histórica del pueblo de Dios que, a través de muchas peripecias y peligros, siempre ha salido adelante con la ayuda de Dios: «¡Pasamos por el fuego y por el agua, pero nos sacaste a la abundancia!» (12). La tercera, como salmo individual —muy probablemente un testimonio dado ante la congregación— nos deja oír la voz de un creyente que, con sus ofrendas, pero sobre todo con firme intención de alabar a Dios y de contar «todo lo que ha hecho en mi vida» (16b), exclama al fin del salmo, en palabras que han resonado constantemente en la iglesia: «¡Bendito sea Dios, que no echó de sí mi oración ni de mí su misericordia!».

Salmo 67

El título de este salmo, como el del anterior, solamente incluye términos musicales, sin atribución a David. «Neginot» se refiere, probablemente, a un instrumento de cuerdas.

Este breve salmo tiene características de un himno o de una acción de gracias, y puede haberse prestado para uso litúrgico, probablemente, como bendición final de algún servicio, ya que, claramente, en el versículo 1, refleja o alude a la bendición sacerdotal que se encuentra en Números 6:22-27. Es interesante que la bendición en Números la pronuncia un sacerdote en la segunda persona del singular: «el Señor te bendiga...» mientras que el salmo lo hace en la primera del plural: «Dios... nos bendiga», lo que le da al salmo su carácter de oración congregacional. El salmo tiene otra característica muy especial: la importancia que les da a «las naciones», no como enemigos de Dios y de su pueblo, sino como pueblos invitados a alabar también al Dios de Israel. El salmo tiene un estribillo, repetido al final de la primera estrofa (versículo 3) y de la segunda (versículo 5), y que Alonso Schökel, entre otros, sugiere puede también haber sido repetido al final —en ese caso, el versículo 8— que hace hincapié en el tema de las naciones: «¡Alábente, Dios, los pueblos, todos los pueblos te alaben!». Las tres estrofas del salmo (versículos 1-3, 4-5 y 6-7), dan énfasis en la primera al «camino» y la «salvación» de Dios, es decir, a su intervención y dirección de los destinos históricos; en la segunda, a su justicia «con equidad» para todos los pueblos; y en la tercera, a su provisión de bendiciones materiales: «la tierra dará su fruto, nos bendecirá Dios, el Dios nuestro».

Salmo 68

El salmo es un himno de victoria, un género de poesía que encontramos ya encajada en las más antiguas narraciones tradicionales de Israel —por ejemplo, en Éxodo 15 o Jueces 5, o en la literatura profética, como Habacuc 3. Esto no quiere decir que el salmo 68 haya sido compuesto para celebrar una victoria determinada, sino que un salmista, posiblemente, en el período posexílico, le dio esta antigua forma a un himno de alabanza y de confianza en el poder de Dios para salvar a su pueblo de sus enemigos. El salmo presenta a Dios en una serie de imágenes tradicionales, como el guerrero divino, «que cabalga sobre las nubes» (no «cielos» como dice la RVR en el versículo 4, tal vez, para igualar la expresión con la del versículo 33, donde la traducción está correcta). Este último es un título que los textos cananeos de Ugarit le dan a Baal. En el mismo versículo, aparece el nombre «Jah» (*yah*), la forma abreviada de *Yahweh* («Jehová») que bien conocemos como parte de la frase litúrgica *hallelu-yah* (aleluya, es decir, «¡alabad al Señor!»). Otras imágenes de índole similar aparecen a través del salmo, por ejemplo, el enorme ejército de carros de guerra con el que Dios vence y toma cautivos (versículos 17 y 18), o Dios golpeando a sus enemigos —seguramente con una maza— en «la testa cabelluda» (versículo 21). El salmo también presenta indicios de la tradición de la teofanía en el monte Sinaí, donde la tormenta y el terremoto señalan la presencia de Dios (versículos 7-10) y, al mismo tiempo, lo marcan como el Dios que provee las lluvias que reaniman los campos (9-10) y proveen alimento a todos, especialmente, a los pobres. Dios es también el protector de los débiles: viudas, huérfanos, desamparados y cautivos (5 y 6).

El otro tema que se destaca en el salmo es la gloria de Sión, y el establecimiento de Dios en el Templo en Jerusalén. Así, por ejemplo, en los versículos 15 y 16 el salmo reprende a los montes de Basán por mirar con hostilidad —estar celosos— al «monte que deseó Dios para su morada», es decir, Sión. Una de las imágenes más espléndidas del salmo es la descripción de una procesión que entra en los recintos del Templo (24-27), en la que «los cantores van delante, los músicos atrás; en medio, las doncellas con panderos», seguidos de los príncipes de Benjamín, de Judá, de Zabulón y de Neftalí, es decir, de representantes de todo Israel y Judá. En la estrofa siguiente, versículos 28-33, vienen los reyes de las naciones, «la multitud de toros con los becerros de los pueblos» a rendir homenaje al Dios de Israel, a traer tesoros como tributo, y a unirse al canto de alabanza de Israel: «¡Reinos de la tierra, cantad a Dios, cantad al Señor, al que cabalga sobre los cielos de los cielos, que son desde la antigüedad!» (33).

Sobre todo si tomamos en cuenta la situación en la que, posiblemente, se compuso este salmo, podemos comprender la potencia de sus imágenes para mantener viva la fe del pueblo: «Temible eres, Dios, desde tus santuarios. El Dios de Israel, él da fuerza y vigor a su pueblo».

Salmo 69

El título del salmo lo adscribe a David; pero en este caso, como en tantos otros, el autor es un poeta anónimo que, posiblemente, vivió durante el exilio babilónico o inmediatamente después.

Como el salmo 22, el salmo 69 es uno de los grandes salmos de queja de un individuo, y el número de citas y alusiones a este salmo en el Nuevo Testamento es evidencia de la difusión que tuvo (por ejemplo, Jn 2:17 y Ro 15:3 son citas; Mt 27:34, 48, Mc 15:36, Lc 23:36 y Jn 19:29 son alusiones). El salmista comienza su súplica («¡Sálvame, Dios, porque las aguas [me] han entrado hasta el alma!») con la poderosa imagen del que está a punto de ahogarse en una ciénaga, cansado ya de pedir socorro. Este es un tema que retorna en los versículos 14 y 15. La causa de la queja, como es el caso, frecuentemente, en este tipo de salmo, es la persecución y las falsas acusaciones hechas a un inocente por enemigos que, en este caso, aparentemente, son miembros de su grupo social —y hasta de su familia, según el versículo 8. El salmista confiesa que Dios conoce su insensatez y sus pecados, pero se queja de los que lo acosan y persiguen injustamente: «me odian sin causa… me destruyen sin tener por qué. ¿Y he de pagar lo que no robé?» (4). Dos aspectos especiales de la queja deben subrayarse: Primeramente, el salmista ruega que los fieles y los que buscan a Dios no sean avergonzados o confundidos por causa suya. En segundo lugar, proclama que lo que sufre es por amor de Dios (7) o mejor, en las palabras que el escritor de Juan 2:17 usó, «me consumió el celo de tu Casa, y los insultos de los que te vituperaban cayeron sobre mí» (9). Parecen ser palabras de un líder religioso, y no es extraño que hay quien haya sugerido que Jeremías fue el autor del salmo. El salmo continúa hasta el versículo 30 con la combinación de quejas, súplicas e improperios contra los enemigos que es de rigor en estos salmos, pidiendo al fin que los adversarios «¡sean borrados del libro de los vivientes y no sean inscritos con los justos!» (28) —idea relativamente tardía que encontramos también en Flp 4:3 y en el Ap 3:5 y 13:8. El segmento final del salmo (30-36) contiene un voto de alabanza —la que el salmista nos asegura le agradará más al Señor que el sacrificio de animales— y una exhortación a la creación entera a que alabe al Señor «porque Dios salvará a Sión, y reedificará las ciudades de Judá» (35).

Salmo 70

Como ya se ha visto, el salmo 70 repite el salmo 40:13-17. Véase el comentario en ese lugar. Dos diferencias merecen mencionarse: el salmo 40 se refiere a Dios como «Jehová» (*YHWH*) mientras que el 70 lo llama «Dios» (*'elohim*), y el salmo 70 le añade al título la frase *lehazkir*, «para conmemorar».

Salmo 71

Es posible que la falta de un título editorial en el salmo 71 se deba, como algunos han sugerido, a que la composición original incorporaba lo que es hoy el salmo 70. En todo caso, el 71 es un caso especial de la queja individual, compuesta con un enfoque especial en la edad avanzada del salmista, quien incluye en el salmo varias referencias a su vejez. El salmista proclama que Dios ha estado con él desde su nacimiento (6) y que Dios fue quien le dio su educación «desde mi juventud» (17). Su vida ha sido confiada y ocasión de alabanzas, continúa «y hasta ahora he manifestado tus maravillas». Pero el salmista se encuentra apocado e incierto ante el avance de su vejez, la que lo lleva a la súplica que le da tenor al salmo: «No me deseches en el tiempo de la vejez; cuando mi fuerza se acabe, no me desampares» (9)… «Aun en la vejez y las canas, Dios, no me desampares, hasta que anuncie tu poder a la posteridad… tu potencia… y tu justicia…» (18, 19). Lo que es más notable en este salmo es que el salmista identifica la vejez como la ocasión de los ataques de sus adversarios —véase el versículo 10— precisamente, porque éstos pueden verla como razón para decir: «Dios lo ha desamparado… no hay quien lo libre». Tal vez pueda proponerse, en forma muy tentativa, que el salmista es uno de los músicos del Templo que, al acercarse al fin de una larga vida de servicio, siente que su habilidad disminuye por la edad avanzada, y teme que sus rivales al fin se impongan y lo suplanten. Pero quiere seguir alabando al Dios que siempre lo ha acompañado, en quien confía: «¡Tú has hecho grandes cosas! Dios, ¿quién como tú?» (19 y véanse el 20 y 21). Así se explicaría la emotiva nota que resuena en el voto de alabanza con que termina el salmo (22-24): no se trata simplemente de prometer alabanza, sino, específicamente, de alabar «con instrumento de salterio», de cantar «en el arpa» de usar los labios, la lengua y el alma misma «la cual redimiste», a pesar de los achaques de la vejez y de la cercanía de la muerte que anuncian.

Salmo 72

El salmo 72 puede clasificarse como un salmo real. El título «para Salomón» indica que algún editor lo quiso identificar con el hijo de David; pero dado el hecho de que es probablemente un producto del período posexílico, podría, también, clasificarse como «mesiánico». Es decir, que las bendiciones que el salmo pone en forma de lo que muchos llaman una letanía, probablemente, describen al rey ideal, al «hijo de David», es decir, al mesías que ha de venir. El salmo propiamente dicho está en los versículos 1-17. Los versículos 18 y 19 son la doxología que concluye el segundo libro del Salterio, y el versículo 20 es un colofón o anotación final del mismo.

Podemos dividir el salmo en cuatro estrofas, cada una con un tema definido. La primera (versículos 1 a 7) anuncia su tema en el versículo 1: «Dios, da tus juicios al rey y tu justicia al hijo del rey». Este es un ejemplo de paralelismo sinónimo que iguala «juicios» con «justicia» y «rey» con «hijo del rey», indicando que el rey será legítimo, y anunciando el tema de la estrofa: reinará con justicia. La justicia, en su reino que durará «mientras duren el sol y la luna»(5), se hará permanente, como también sus resultados. La bella imagen de los versículos 6 y 7 nos hace ver la acción del rey que, como la lluvia y el rocío hacen crecer las cosechas, hace crecer la justicia y su fruto, la paz (shalom).

La segunda estrofa (versículos 8 a 11) tiene como tema el dominio universal del rey. Los términos son deliberadamente imprecisos, «de mar a mar, y desde el río hasta los confines de la tierra», e indican que desde los nómadas del desierto hasta los reyes de los más ricos y lejanos países (Tarsis, «las costas», Sabá y Seba) vendrán a rendir tributo a este rey: «todas las naciones lo servirán».

La tercera estrofa (versículos 12 a 14) habla de la protección especial del rey hacia el pobre y necesitado. En cierto sentido, repite algo del tema de la justicia que hemos visto en la primera, pero le añade un importante elemento de atención y preferencia por parte del rey: «la sangre de ellos será preciosa ante sus ojos».

La cuarta estrofa (versículos 15-17) habla de las bendiciones que resultarán de su reinado, sobre todo, la prosperidad material en la corte («se le dará el oro de Sabá»), en el campo (entendiendo el 16a como «Habrá abundancia de grano en la tierra, en las cimas de las colinas ondulará, como el Líbano será su fruto»; es decir, que los acopios de grano apilados al fin de la cosecha serán como esos grandes montes) y en la ciudad, donde los habitantes «florecerán como la hierba de la tierra». Por todas estas razones, el rey será bendecido y «se perpetuará su nombre mientras dure el sol». La última línea del salmo, en el versículo 17b, hace eco de la bendición primeramente pronunciada por el Señor sobre Abram en Génesis 12:1-3 y, muchas veces, repetida en la Biblia (Gn 18:18; 22:18; 26:4; 28:14; Hch 3:25; Gl 3:8). El rey que ha de venir cumplirá la promesa de bendición universal hecha a Abram: «Benditas serán en él todas las naciones; lo llamarán bienaventurado».

Los versículos 18 y 19 son una doxología que marca el fin, no del salmo 72, sino del segundo libro del Salterio, El colofón que sigue (versículo 20), nos da el nombre que aparentemente, se le dio a esta colección o, posiblemente, al primero y segundo libros juntos: «las oraciones (*tefillot*) de David, hijo de Isaí».

Libro 3

Salmos 73-89

Salmo 73

Entre los diecisiete salmos del tercer libro del Salterio se encuentran once de los doce que algún redactor atribuyó a Asaf (73 a 83, el otro es el 50), fundador de uno de los linajes levíticos en cuyo cargo puso David la música del Tabernáculo (por ejemplo, véase 1 Cr 6.39). El salmo 73 es difícil de clasificar en cuanto a género, aunque tiene un claro carácter sapiencial. Tal vez se podría decir, con Gerstenberger (*Psalms*, Part 2, 73-74) que es una «meditación y confesión sapiencial».

La meditación es sobre el mismo problema que el autor de Job enfrenta, aunque desde la perspectiva opuesta: la aparente contradicción en la relación entre la piedad religiosa y la prosperidad y el bienestar en esta vida. El salmista confiesa que «casi se deslizaron mis pies, ¡por poco resbalaron mis pasos!, porque tuve envidia de los arrogantes, viendo la prosperidad de los impíos» (2,3). Los versículos 4 a 12 describen a esos impíos que prosperan, llegando hasta la caricatura: «los ojos se les saltan de gordura» (7a) o «ponen su boca contra el cielo y su lengua pasea la tierra» (9). Entre estos versículos está el más problemático del salmo, el 10, que tal como está escrito en el texto hebreo no tiene mucho sentido, ni menos encaja en su contexto. Basadas en parte en las versiones antiguas, las traducciones modernas tienden a corregir el texto más o menos así: «Por tanto [la gente] se vuelve a ellos, y se beben sus palabras». En los versículos 13 y 14, el salmista expresa la confusión que sintió al ver a los impíos prósperos y respetados, mientras que su rigorosa práctica religiosa parece haber sido en vano; pero como dice en el 17: «hasta que, entrando en el santuario [o, posiblemente, "en el secreto"] de Dios, comprendí el fin de ellos». Los malvados están en «un deslizadero», llevados por su propia prosperidad hacia «el asolamiento». El salmista se recrimina, una vez más, por no haber comprendido la actividad de Dios, aun en la aparente fortuna de los impíos (21 y 22), y reconoce que Dios lo ha guiado hacia la vida eterna con él (24). El 27 y 28 terminan el salmo con una expresión personal de confianza: alejarse de Dios es perecer, «pero en cuanto a mí, el acercarme a Dios es el bien».

Salmo 74

Se trata este salmo de un lamento de la comunidad, ocasionado por la destrucción del Templo por un enemigo, y aunque muchos han sugerido los estragos que hicieron los soldados de Antíoco en el año 167 a. C., y algunos la demolición a manos de las tropas romanas en el 70 de nuestra era, los babilonios en el 587 o 586 a. C. siguen siendo los mejores candidatos. Así, por ejemplo, se explican las muchas coincidencias de vocabulario, expresión e imagen que el salmo tiene con Lamentaciones, que, sin duda, pertenece a la era que siguió a la destrucción babilónica.

Como muchos de los lamentos, el salmo comienza con la interrogación «¿Por qué, Dios?», rogándole a Dios que no abandone a «su congregación», las «ovejas de su prado». Específicamente, el salmo le pide a Dios que «dirija sus pasos» a la escena en ruinas de lo que queda del santuario. Los versículos 4 a 8 contienen una vívida narración, casi diríamos de un testigo ocular, de la destrucción del Templo por soldados enemigos que, primero destrozan las partes de madera tallada («con hachas y martillos»), para después darle fuego a la estructura. «¡Han quemado todas las moradas de Dios en la tierra!» En los versículos 9 a 11 el salmo da expresión a un sentimiento desolador: no ha habido repuesta al ultraje al Templo, no hay ni señal ni profeta, ni nadie que sepa hasta cuándo, como dice el versículo 9. Creer que hay Dios, en esas circunstancias, es no poderse explicar por qué Dios no actúa para ponerle fin a la ofensa, que Dios se cruce de brazos ante esa situación (véase el versículo 11).

El salmista se atreve, en el resto del salmo, a recriminar directamente a Dios por el sufrimiento de su pueblo. Principia, en los versículos 12 al 17, con una lista de referencias a las antiguas tradiciones de las proezas del Señor como el guerrero divino que venció las fuerzas del mar caótico, de Leviatán, el monstruo marino, y que, como resultado de su victoria, estableció el orden de la creación. La arenga sigue en el resto del salmo, llamándole la atención a Dios que los enemigos «han blasfemado contra tu nombre» (18) y apelando, en el 20, al pacto que une a Dios con Israel. Este salmo no termina en un voto de alabanza, como lo hacen tantos otros. Puede ser que eso sea porque en un servicio litúrgico dado otro, salmo de alabanza desempeñaba esa función. Pero es también posible leer este salmo tal como se presenta: como el grito de agonía de una congregación de creyentes cuya, fe misma los lleva a apremiar a un Dios que parece haberse olvidado de ellos: «¡Levántate, Dios! ¡Aboga tu causa!».

Salmo 75

El título, además de atribuirle el salmo a Asaf, incluye la curiosa nota «al músico principal: no destruyas», es decir, que le falta, en el hebreo, la preposición «sobre», que RVR suple.

Se trata, en este caso, de un salmo que tiene las mismas funciones que un himno de alabanza; y en particular, de alabanza por el poder con el que Dios juzga y ordena los destinos de todos los seres humanos. Pero la peculiaridad de este salmo es que, posiblemente por razones que tienen que ver con la manera de representarse en el culto —es decir, por razones litúrgicas— el salmo es una combinación de varias voces, incluso la voz de Dios. Así, podemos decir que en el versículo 1 habla la congregación, Dios habla del 2 al 5, el líder de la congregación del 6 al 9, y Dios, finalmente, en el 10. El mensaje aparece con frecuencia en el Salterio; pero en la presentación que este breve salmo hace de ese tema sobresalen, sobre todo, dos imágenes: la copa de ira y los cuernos como símbolos del juicio y del poder.

La imagen de la copa que el Señor hace beber a «todos los impíos de la tierra» (versículo 8) se encuentra en múltiples lugares en la literatura profética. En Jeremías 25.15-31, por ejemplo, es la imagen principal del anuncio del juicio del Señor contra las naciones que han oprimido a Israel, mientras que en Isaías 51.17-23, la imagen se refiere a la «copa de su ira» que Jehová hizo beber a Jerusalén —copa cuyos efectos, anuncia el profeta, ya van pasando. Ezequiel, Abdías y Zacarías usan la imagen— como también, en el Nuevo Testamento, el Apocalipsis. La copa emborracha y aturde, y algunos han dicho que el origen de la imagen está en la costumbre de darle vino mezclado con drogas a los condenados a muerte para hacer más fácil su ejecución.

La traducción de la RVR oculta, por completo, la otra imagen. Tres veces el salmo usa la palabra *qeren*, «cuerno» o su plural: en los versículos 5b, 10a y 10b, donde la RVR traduce «cerviz», «poderío» y «poder» respectivamente. Esto diluye sin necesidad la imagen del toro bravo, tan importante en la mitología de Israel y de sus pueblos vecinos como símbolo de la fuerza y del poder vital de ciertos dioses. Alonso Schökel propone una «mirada española» a la imagen:

Imaginemos al toro salido del toril corriendo por el ruedo, deteniéndose en medio de la plaza y enarbolando las astas. Toda su fuerza y cólera condensadas en los pitones, toda la mole dispuesta a dispararse por los cuernos. Es una estampa de poderío. (*Salmos* II, 995).

Precisamente esa imagen es la que debilita el impacto del salmo si la traducción la borra.

La última voz que oímos es la de Dios, para el salmista el árbitro supremo de los conflictos humanos, proclamando que «Le cortaré los cuernos a los malvados, pero serán exaltados los cuernos del justo».

Salmo 76

El título del salmo lo pone en la categoría de los salmos de Asaf; y la nota al músico principal, «sobre Neginot», probablemente, se refiere al uso de instrumentos de cuerda para acompañarlo.

El salmo 76 cae en la categoría de los «himnos de Sión» y es un himno de victoria que canta los loores del Dios que es «conocido en Judá; en Israel es grande su nombre» como el guerrero divino, vencedor sobre todos los poderes de la tierra, que se levanta también a juzgar, y a «salvar a todos los mansos de la tierra». Es decir, que como rey vencedor, Dios es también el juez del mundo entero. El círculo de su poder es inmenso; pero el salmo comienza desde el centro, y el centro es Sión: «en Salem [o sea, Jerusalén] está su Tabernáculo [el Templo] y su habitación en Sión» (2). Allí se proclamó su victoria sobre los enemigos —tal vez, con un acto ceremonial en el que se destruían armas de guerra (versículo 3, véase también Sal 46.9). La gloria del Señor victorioso se manifiesta, también, en la gran cantidad de botín que captura. El versículo 4, sobre todo en contexto con el 5, se refiere a eso y, simplemente con leer la palabra que la RVR traduce «caza» como «botín» o «despojos», se traduce mejor «Glorioso eres tú, noble por causa de los montes de despojos: los valientes fueron despojados... ». De acuerdo con la imagen del rey justo, básica en las tradiciones del Antiguo Testamento, Dios se levanta a juzgar, dice el versículo 9, «para salvar a todos los mansos de la tierra». El versículo 10 presenta un problema de traducción, pues parece decirle a Dios «la cólera humana te alabará», tal vez, con el sentido de que se tendrá que rendir ante él y «al resto de las cóleras», es decir, a las que no son la tuya, «te las ceñirás, o te las pondrás al cinto como trofeos» (RVR dice «reprimirás»). El salmo termina con una exhortación a todos a traer ofrendas a Dios, el Temible, que infunde temor a los jefes de la Tierra.

Salmo 77

El título del salmo lo relaciona con Asaf y añade la nota enigmática «para Jedutún (en el texto masorético *Jeditún*). En cuanto al género del salmo, se trata de una meditación personal e íntima de un fiel cuya fe se ve tentada, severamente, ante el aparente desamparo de su pueblo por Dios. El tono es semejante al de Lamentaciones, pero en la segunda parte (del versículo 10 en adelante), el poeta parece encontrar solaz en la memoria de las maravillas que Dios ha hecho por su pueblo en tiempos pasados, y así termina en una nota más confiada.

El poema es un «nocturno» o, como dice el versículo 6, un «cántico de noche» y empieza en la atmósfera angustiada y claustrofóbica del insomnio y el desconsuelo. El salmo empieza en la oscuridad de la habitación del salmista, en su cama pero sin poder «pegar los ojos» (4), orando y meditando sin cesar ni respuesta, atormentado por las duras preguntas que la falta de respuesta de Dios a sus clamores le impone (versículos 7 a 9) —preguntas que encajan muy bien en la zozobra de alguien que sufrió la destrucción de Jerusalén y el exilio. El versículo 10 es difícil por su brevedad, pero parece mejor traducirlo «Dije: mi tormento es este: el cambio [no "los años"] de la diestra del Altísimo».

La segunda parte del salmo comienza en el versículo 11, con la nueva resolución por parte del salmista: «me acordaré de las obras de Jah», y una sola, nueva pregunta: «¿qué dios es grande como nuestro Dios?» (13). Las «maravillas» de Dios a las que se refiere el 14 incluyen alusiones al éxodo de «los hijos de Jacob y de José» de Egipto (15), a las tradiciones de teofanía en la tormenta, combinadas con el cruce del mar (16-19) y a la conducción del pueblo «como a ovejas por mano de Moisés y de Aarón». La respuesta implícita es que el brazo del Altísimo continúa activo y llevando a su pueblo hacia la liberación, aun en la oscuridad presente.

Salmo 78

Este largo salmo (solamente el 119 es más extenso) tiene un carácter didáctico; es decir, que claramente uno de sus propósitos principales es enseñar, o infundir en la comunidad, la historia religiosa —la llamada «historia de la salvación»— del pueblo de Dios. Tiene, al mismo tiempo, un propósito que podemos llamar político, que se ve, claramente, en los últimos versículos del salmo (67 a 72): demostrar que Dios ha preferido a la tribu de Judá sobre la casa de José (Efraín y Manasés, representan las tribus del

Norte), como también prefiere a Sión y su Templo, y a (la dinastía de) David. Si esto es original —como parece ser— o si, como han sugerido algunos, es una nota añadida por un redactor tardío, no es fácil de determinar. Esa nota pone al salmo directamente en línea con la teología de la llamada historia deuteronómica, y encaja perfectamente con lo que dice el salmo previamente (9 y 10, 58 a 60, por ejemplo).

En la primera sección del salmo, versículos 1 a 8, la voz del salmista se hace oír como la de un maestro de la tradición sapiencial, enseñando a su pueblo su instrucción. (La palabra *torá*, usada en el versículo 1, significa la instrucción de un maestro y también la Ley). La referencia a esa instrucción en el versículo 2 como «proverbios» (*mashal*) o «cosas escondidas» (*jidot*, «adivinanzas, dichos enigmáticos») la pone en el campo de la literatura sapiencial, donde esos términos se usan para identificar la enseñanza. En esta sección, se destaca la idea de la transmisión de la enseñanza de «las alabanzas de Jehová, su potencia y las maravillas que hizo» (3) de generación en generación, es decir, la importancia de la tradición pasada de padres a hijos para mantener la fidelidad a Dios y a sus mandamientos.

El cuerpo del salmo (versículos 9 a 66) menciona hechos de los que la tradición incluye en la «historia de la salvación» —hechos como el éxodo de Egipto, el cruce del Mar Rojo, la provisión de agua, maná y codornices en el desierto, las plagas de Egipto y la conquista y división de Canaán. Los episodios no se narran, sino son mayormente alusiones, y no siguen el orden de la narración en el libro del Éxodo. Lo que más resalta en este largo discurso es el énfasis constante en la rebelión, la falta de fe y, finalmente, la apostasía de «los hijos de Efraín» (9). El salmista usa esas alusiones a la historia del éxodo para demostrar que, después de muchas ocasiones en las que el Señor los perdonó cuando lo habían ofendido, el pueblo de Israel llegó a afrentarlo con su idolatría tanto que Dios no pudo perdonarlos más (versículos 56 a 67). El salmista explica la caída del Reino del Norte, es decir, de Israel, de esta manera. Ofendido por los «lugares altos» (santuarios paganos) y las «imágenes de talla» (ídolos) que hicieron, Dios «en gran manera aborreció a Israel» (58, 59) y abandonó «el tabernáculo de Silo, la tienda que habitó entre los hombres». Silo, en el territorio Efraín, fue lugar del santuario donde creció Samuel, y donde estuvo el Arca del Pacto hasta que los filisteos la capturaron al derrotar en batalla a Israel (véase 1 S 1-4). Es de suponerse que también destruyeron a Silo en esa ocasión, y que el salmo alude a esos eventos: la captura del arca (versículo 61), la derrota en batalla (62 y, posiblemente, el versículo 9), la muerte de los hijos de Elí y de la mujer de Finees (65). Los versículos 65 y 66 parecen aludir a la humillación sufrida por los filisteos cuando el Arca se defiende por sí misma —tradición que narra 1 Samuel 5.

Ya se ha dicho que el salmo tiene el propósito de hacer resaltar la elección de Judá, Sión y David, y con ese tema termina en los versículos 67 al 72. La última imagen del salmo es la de David como el buen pastor de su pueblo —una de las formas de referirse al rey en el lenguaje de las cortes reales del antiguo oriente.

Salmo 79

Éste es otro de los salmos que llevan el título "de Asaf". En cuanto a su género, el 79 es un ejemplo clásico del lamento o súplica congregacional o colectiva —en este caso, ocasionada por la destrucción de Jerusalén y del Templo, y la matanza de gran número de sus habitantes. Lo más posible es que la captura de la ciudad por los babilonios en el 587/586 a. C. haya sido la ocasión histórica que refleja el salmo, que puede, por lo tanto, ser una composición del exilio.

La primera estrofa (versículos 1-4) le dirige a Dios una descripción, en términos claros, del resultado de la catástrofe, sobre todo, los cadáveres sin enterrar, abandonados a las aves y bestias y la sangre derramada «como agua en los alrededores de Jerusalén». No solamente fueron «las naciones» (¿Babilonia?) culpables del ultraje (1), sino que la estrofa termina lamentando la reacción de los pueblos vecinos a Judá (¿Edom?): escarnio y mofa. En la segunda estrofa (versículos 5-7) se encuentra la queja formal «¿Hasta cuándo, Jehová? ¿Estarás airado para siempre? ¿Arderá como fuego tu celo?» (5), seguida por la súplica de intervención divina que castigue a las naciones por lo que han hecho. La tercera estrofa (versículos 8-10) confiesa y pide perdón por los pecados de la generación del salmista, así como por la de sus antepasados, arguyendo que Dios debe intervenir «por la gloria de tu nombre» y «por amor de tu nombre» (9). Ese perdón, según el versículo 10, se manifestará cuando «delante de nuestros ojos» se lleve a cabo «la venganza de la sangre de tus siervos que ha sido derramada». La estrofa final (versículos 11 a 13) continúa las peticiones: cuidado por los prisioneros y los sentenciados a muerte (11), pero también venganza séptuple contra los pueblos vecinos que han deshonrado al Señor. El último versículo es un voto de alabanza: «y nosotros, pueblo tuyo y ovejas de tu prado, te alabaremos para siempre, ¡De generación en generación cantaremos tus alabanzas!».

Salmo 80

El Salmo 80 es una suplica de la comunidad. En este caso, está claro que se refiere a una calamidad nacional, seguramente el resultado de una derrota militar y, posiblemente, de una invasión por un poderoso enemigo externo (el «puerco montés», o mejor, «jabalí» del versículo 13) y por los reinos vecinos oportunistas (la «bestia» o, mejor, «alimaña», del campo en el mismo versículo). El salmo tiene, además, la peculiaridad de que no menciona a Judá, ni a la casa de David (excepto, tal vez, por alusión en el versículo 11), sino que trata exclusivamente de José y de Efraín, Benjamín y Manasés (versículos 1 y 2), es decir, del Reino del Norte. Más que esto no es posible decir, y si le buscamos al salmo una correlación con un momento histórico determinado, no podemos encontrarla con seguridad.

La invocación de este salmo apela a Dios con el título de «Pastor de Israel» (1). Probablemente se refiera al Arca del Pacto al continuar llamándolo «tú que estás entre querubines» —aunque tal referencia puede, también, basarse en la idea de Dios en su trono celestial y el arca entre querubines es, más bien, una imagen relacionada con el Templo de Jerusalén. El salmo tiene un estribillo que se repite (con variaciones del nombre divino) en los versículos 3, 7 y 19: «¡Dios/Dios de los ejércitos/Jehová, Dios de los ejércitos, restáuranos! ¡Haz resplandecer tu rostro y seremos salvos!». La imagen extendida de la vid (que representa al pueblo de Israel) en los versículos 9 al 16 es la característica más notable del salmo. Dios trajo esa vid de Egipto y la plantó después de limpiar el terreno (desalojar las naciones de Canaán). La vid creció y se extendió; pero el Señor ha derribado sus cercas y la ha dejado a la merced de enemigos invasores, que roban su fruto, la destrozan y al fin la queman —imagen parecida a la que usa Isaías (5:1-7) con referencia a Jerusalén. El salmista ruega a Dios que ponga su mano sobre el hombre de su diestra (el rey) para que el pueblo no se aparte más de Dios, quien les dará vida para invocar su nombre. Luego, en el versículo 18, ofrece una versión muy breve del voto de alabanza, antes de terminar con la tercera instancia del estribillo ya mencionado.

Salmo 81

Es difícil clasificar este salmo. Alonso Schökel lo llama «un salmo extraño» (*Salmos* II, 1067). Parece ser una combinación de elementos diversos, en parte himno, en parte sermón u homilía. El salmo comienza con un llamado a la adoración (versículos 1 a 5) que, como el salmo 150, menciona una lista de instrumentos de música que han de acompañar al canto —en este caso, el pandero, el arpa, el salterio o cítara y la trompeta (o mejor, el *shofar* o cuerno). Este último instrumento se tocará en las ceremonias de la luna nueva y de la luna llena, que es como se debe leer la palabra *keseh* en el versículo 3 (RVR «día señalado»).

La voz del salmista es la que se oye en la primera parte del salmo, pero comenzando con el versículo 7, y muy probablemente también con la última cláusula del 5 («Oí lenguaje que no entendía») y el 6, comienza a dejarse oír la voz de Dios, que continúa hasta el fin del 14. El problema es que el 5c, y hasta cierto punto el 6, son versículos enigmáticos, poco claros por la escasez de referencias contextuales. Podemos asumir que el 6 se refiere a la liberación de los hebreos de la esclavitud en Egipto y, con más seguridad, que las referencias a «las aguas de Meriba» (véase Éx17.7) y a «lo secreto del trueno» (véase Éx 19.16-25) en el versículo 7 aluden a las tradiciones del cruce del desierto y de la teofanía en Sinaí. En los versículos siguientes (8-10), la voz de Dios combina una alusión al «Oye, Israel» (véase Dt 6.4, etc.) con el primer mandamiento (Éx 20.2-3; Dt 5.6-7). Con este recordatorio de la suprema importancia de la fidelidad a Dios y de la monolatría, viene la acusación de que «mi pueblo no oyó mi voz; Israel no me quiso a mí» y, por eso, Dios los abandonó a sus enemigos. Si sólo hubiesen andado en los caminos de Dios, su historia hubiera sido muy diferente. En esta nota sustantiva, el salmo termina: si hubiesen ellos actuado como lo requiere el Pacto, «los sustentaría Dios con lo mejor del trigo, y con miel de la peña (como sacó agua de la peña en Meriba) los saciaría» (16).

Salmo 82

Otro de los llamados «de Asaf», este breve salmo usa la imagen tradicional, que se remonta a la antigua literatura de Canaán, del concilio de los dioses: «Dios se levanta en la reunión de los dioses», dice el versículo 1. El salmo no defiende el politeísmo que implica la vetusta imagen —al contrario, en el versículo 7 condena a muerte a los dioses por su ciega incompetencia (versículo 5)— sino que parece traerlo a colación para combatirlo por boca de Dios.

Además de la acusación de que «no saben, no entienden, andan en tinieblas» —argumento frecuente en el período del exilio contra los dioses paganos identificados con sus imágenes de madera o metal (por ejemplo, Is 46:1-7, Jer 10:3-5, 50:2)— la inculpación fatal que Dios les dirige a los dioses (o a su culto) es la de los versículos 2 a 4: no dan el compás moral que los lleva a defender imparcialmente la justicia, hacen acepción de personas con los impíos, no defienden al débil y al huérfano, no liberan al pobre afligido por los mismos impíos que pagan bien por su culto.

Con tal prefacio, es fácil entender lo que significa la petición con la que termina el salmo: ¡«Levántate Dios», y como juzgas y condenas los dioses falsos, «juzga la tierra» para que la justicia y la protección del pobre y el desvalido se pongan en efecto en todas las naciones!

Salmo 83

El salmo 83 es el último de los llamados «de Asaf» por el editor. En cuanto a género, es un lamento o queja congregacional, en ocasión de una confabulación de enemigos contra la nación. La lista de enemigos en los versículos 6 a 8 y, sobre todo, la referencia a la derrota de enemigos notorios en la historia tradicional de Israel en los versículos 9-12, indican que el salmo, probablemente, no tuvo origen en una situación histórica en la cual esa coalición de naciones atacó a Israel, sino que el poeta compuso esa circunstancia para indicar que, cualquiera que sea el poder que amenaza al pueblo de Dios, es justo que el pueblo pida que Dios lo libre de sus ataques. Dios lo ha hecho en el pasado, dice el salmo, y cuando el pueblo de Dios se vea en una situación difícil, Dios vendrá a su rescate.

Salmo 84

El salmo 84, uno de los más bellos y familiares del Salterio, lleva un encabezamiento que, además de decirle al director que se debe usar «la de Gath» —tal vez una melodía o un instrumento cuyo nombre se deriva del de la ciudad filistea de ese nombre— lo identifica como uno de los que se atribuyen a «los hijos de Coré». Es uno de los «cantos de Sión» que celebran la belleza de Jerusalén y de su Templo, sobre todo, en conexión con los peregrinajes que se celebraban anualmente (por ejemplo, los salmos 120-134, los llamados «cánticos graduales»).

La primera exclamación del versículo 1 declara el tema del salmo: la amable belleza del Templo de «Jehová de los ejércitos». El versículo 2 añade el deseo de estar en «los atrios de Jehová»; es decir, en la meta de los peregrinos. La voz del salmista no es la de un sacerdote, sino la de un simple peregrino que no espera más que visitar las cortes y atrios abiertos al público. La doble imagen del gorrión y de la golondrina que hallan refugio en los ámbitos del Templo (versículo 3) representa, poéticamente, a los peregrinos que como esas humildes aves van y vienen, pero por un tiempo se posan cerca de los altares del Señor. El poeta muestra su arte con los varios nombres de Dios que usa en este breve salmo. Ya hemos visto las dos primeras: «Jehová de los ejércitos» (1, 8 y 12) y «Jehová» (2a y 11b), a las que podemos añadir «el Dios vivo» (2b), «Jehová de los ejércitos, Rey mío y Dios mío» (3), «Dios»

(7), «Jehová, Dios de los ejércitos» (8a), «Dios de Jacob» (8b), «Dios, escudo nuestro» (9), «mi Dios» (10b) y «Jehová Dios» (11a). A pesar de que estos son todos nombres o títulos bien conocidos, y de que algunos (sobre todo «Jehová de los ejércitos») implican una majestad remota y solemne, en conjunto le dan a este salmo un sabor de familiaridad y de confianza en la relación del salmista con Dios. El otro elemento que contribuye a indicar esa relación son las tres bienaventuranzas que pronuncia el salmista, sin duda hablando de su experiencia personal, en los versículos 4, 5 y 12. Habitar en la casa de Dios para alabarle, tener en él sus fuerzas, y sus caminos en el corazón, y confiar en el Señor son las fuentes de su bienaventuranza. Mientras tal creyente se encuentra peregrino, aunque esté en lugares desiertos como el valle de Baca (RVR: «valle de lágrimas» es una traducción muy dudosa) lo sabrá cambiar en fuentes de agua. Y cuando llegue a su meta podrá decir con satisfacción que un día en los atrios de la casa del Señor es mejor que mil fuera de ellos.

Salmo 85

El salmo 85 es otro de los que algún editor tituló «para [o de] los hijos de Coré».

Técnicamente, tiene suficientes características de un lamento de la comunidad para así clasificarlo, pero le faltan algunos elementos importantes de ese género: compárese con el salmo 44, por ejemplo. Además, incluye, en su tercera parte, un bello oráculo de salvación que le da un tono mucho más esperanzado y radiante.

El salmo se divide en tres secciones: los versículos 1 a 3 recapitulan, dirigiéndose al Señor, la misericordia salvadora que Dios le ha mostrado a su pueblo. La traducción española sería más lúcida si usara el antepresente en lugar de los pretéritos que usa la RVR: «Has sido propicio», «has hecho volver», «has perdonado», etc., donde la RVR dice «Fuiste propicio», «volviste», «perdonaste», etc. De esa manera, las acciones anteriores de Dios quedarían mejor relacionadas al presente del salmista, y no simplemente archivadas en la memoria del pasado. La segunda sección del salmo (versículos 4 al 7) es la petición a Dios a nombre del pueblo en un tiempo de dificultades que el salmista atribuye a la ira y el enojo de Dios. Las preguntas que le dirige a Dios en los versículos 5 y 6 no son impertinentes, sino que demuestran una impaciencia que viene de la plena confianza en que el Señor actuará como ha actuado, a favor de su pueblo: «¡Muéstranos, Jehová, tu misericordia y danos tu salvación!» (7).

La tercera sección (8-13) difiere de las dos primeras, en primer lugar, en que el salmista se dirige a la congregación para asumir un papel profético; es decir, para escuchar lo que responderá «Jehová Dios» y para comunicarle al pueblo la buena noticia de que «ciertamente cercana está su salvación a los que le temen». En segundo lugar, el oráculo de salvación que pronuncia (versículos 10 a 13) personifica los conceptos abstractos con los que expresa su promesa de salvación para que «habite la gloria en nuestra tierra». Así, la misericordia y la verdad, la justicia y la paz se presentan en relación mutua y dinámica, encontrándose y besándose, brotando de la tierra y mirando desde el cielo y, dentro del marco que así forman, «Jehová dará también el bien, y nuestra tierra dará su fruto, y la misma justicia que guía sus pasos guiará los nuestros».

Salmo 86

El título «Oración [*tefillah*] de David» que lleva el salmo se repite en el Salterio solamente en el salmo 17, y su uso en el 86 interrumpe la serie de salmos titulados «de los hijos de Coré» (84, 85, 87, 88) en medio de la cual se encuentra. Se puede clasificar como una queja o súplica individual; pero no se ajusta perfectamente al género de ese nombre, siendo un ejemplo muy tardío. El salmo es probablemente producto del judaísmo del período del Imperio Persa, y su contenido es básicamente una recopilación de frases tomadas de otros salmos y pasajes del Antiguo Testamento. En gran parte por eso, es difícil encontrar en el salmo algo distintivo o que no sea convencional. El rasgo literario que más resalta es el uso muy frecuente de la conjunción causal *ki* («porque») para enlazar dos cláusulas, por ejemplo, en el primer versículo: « ...escúchame, porque estoy afligido». Esto ocurre nueve veces en los diecisiete versículos del salmo, y se ve, fácilmente, en RVR (1, 2, 3, 4, 5, 7, 10, 13 y 17). En las tres secciones del salmo, el salmista se queja a Dios por su aflicción y pobreza (1-7), lo alaba por su poder y maravillas y, después de pedirle que lo guíe en el camino de su verdad, promete alabarle y bendecir su nombre (8-13). Tras quejarse de sus enemigos, ruega de nuevo a Dios que tenga misericordia y que lo ayude y consuele (14-17).

Salmo 87

Otro de los salmos titulados «de los hijos de Coré», el 87, es una de las que llamamos canciones de Sión, ya que su propósito es glorificar a Jerusalén. Sin embargo, decir eso no es decir mucho sobre uno de los salmos más originales del Salterio. La concisión de su lenguaje poético requiere leer este salmo muy cuidadosamente para captar su sentido. Los versículos 1 y 2 deben leerse juntos y, con la pista que nos da el sufijo masculino de la primera palabra, que indica que se refiere a Dios, entenderlo como: «Su fundación [es decir, habiéndola fundado] en el monte santo, Jehová ama las puertas de Sión más que todas las moradas de Jacob [es decir, las ciudades de Israel]. Esos dos versículos son un buen ejemplo de lo que dice el siguiente: «¡Cosas gloriosas se dicen [RVR "se han dicho"] de ti, Ciudad de Dios!».

Es muy importante identificar el «yo» que toma la palabra en los versículos 4 al 5a, ya que estos versículos son el centro de gravedad del salmo. El «yo» del salmista no tiene mucho sentido aquí y, por lo tanto, algunos han sugerido que es la ciudad personificada (Gerstenberger, *Psalms* 2, 139), mientras que otros oyen la voz de Dios en estos versículos (Alonso Schökel, *Salmos* II, 1127), lo que parece más acertado. Dios dice: «Nombraré [RVR ‹me acordaré›] a Rahab [nombre poético de Egipto] y a Babilonia entre los que me conocen, a Filistea y a Tiro, y hasta a Nubia: "¡este nació allí!"». Es decir, que Dios, desde lo alto, les da a los pueblos, comenzando con los que han sido opresores de Israel, el rango de naturales de Sión. «Y a Sión se dirá que cada uno ha nacido en ella, y el Altísimo mismo lo establecerá. Jehová contará al inscribir a los pueblos: Este nació allí». Con esta lectura, se vislumbra un futuro en el que todos los pueblos, sobre todo los que fueron enemigos, ya reconciliados, serán conciudadanos de la ciudad de Dios. No nos sorprende, en ese caso, que el poema termina con las alegres notas de una procesión de cantantes y músicos loando a la ciudad (el sufijo pronominal de «en ti» es femenino): «Todas mis fuentes están en ti».

Salmo 88

El encabezamiento de este salmo es complicado y, posiblemente, combine dos redacciones anteriores. Lo primero que resalta en este respecto es que se cuenta entre los de los hijos de Coré, al mismo tiempo que se atribuye a «Hemán ezraíta». Una cosa no quita la otra, pero la atribución doble es rara. También, el encabezamiento clasifica el salmo en tres categorías en el mismo título: *shir*, *mizmor* y *maskil*, que la RVR expresa como «cántico», «salmo» y «masquil» respectivamente.

El salmo se puede clasificar, en cuanto a su forma, como un lamento individual, aunque incompleto; y en cuanto a su contenido, como la plegaria de un individuo en su lecho de muerte. Uno de los elementos que faltan en el salmo es la súplica. Es decir, que a pesar de que el salmista comienza con invocar a «Jehová, Dios de mi salvación» y recordarle que clama ante él el día y noche, lo único que pide, en todo el salmo, es que «¡Llegue mi oración a tu presencia! ¡Inclina tu oído hacia mi clamor!». No nos hace saber lo que pide, si es la salud o si es la muerte misma. Lo único que quiere es que Dios lo oiga, a punto de entrar en una condición de abandono, olvido y de tinieblas, que es como el salmo describe la muerte. Las preguntas sin respuesta de los versículos 10 al 12 son el centro de su pasión de ánimo, y nos dejan entrever su creciente temor de que todas tienen respuesta negativa. El peor de los terrores de la tumba es que allí ni las maravillas de Dios, ni su misericordia, ni su verdad, ni su justicia, ni las alabanzas correspondientes del humano, tendrán lugar. Esa visión de la muerte como la extinción de la vida y de todo lo que hace al ser humano darle gracias a Dios en ella, y, sobre todo, como el fin irrevocable de las relaciones con Dios y el prójimo que le dan significado —visión común en el pensamiento del Israel antiguo— es lo que le da a este salmo su trágico sentido. Sin la nueva y muy diferente perspectiva sobre la muerte y lo que se puede esperar después de ella que abrieron el judaísmo tardío y el Nuevo Testamento, Dios es el fundamento de nuestras peores inquietudes, como implica este salmo (versículos 13-18).

Salmo 89

El título del salmo lo atribuye a «Etán ezraíta», tal como el del 88 lo hizo a «Hemán ezraíta». Aunque los nombres Etán y Hemán se mencionan en 1 Crónicas 15.19 como dos de los levitas que fueron músicos de David, no podemos ni siquiera decir si eran los que tuvo en mente el editor que le añadió ese título al Salmo 89.

El salmo tiene una forma combinada, parte himno (versículos 1 a 37) y parte lamento comunal (versículos 38 a 51). Dado el contenido de ambas partes de la composición, se debe, también, clasificar el 89 como un salmo real. El versículo 52 no pertenece propiamente al salmo, sino que es la doxología que marca el final del tercer libro del Salterio.

En el versículo 1, el salmista anuncia su intención de cantar «las misericordias de Jehová», y comienza un himno que tiene raíces tanto en las antiguas tradiciones de la corte celestial (versículos 5 a 8) y del combate primordial en el cual el Señor domina al mar (versículo 9) y vence en la batalla con el dragón del caos (Rahab, versículo 10), como en el pacto que establece la dinastía de David en el trono de Jerusalén (versículos 3 y 4; véase 2 S 7). Las primeras palabras del himno son «la lealtad [*jasdey*, RVR ‹misericordias›] de Jehová», que el salmista anuncia como su tema, y que el paralelismo con «fidelidad» en el versículo 2 define más precisamente. La lealtad y fidelidad del Señor, pues, garantizan para siempre, y desde los cielos, el pacto con David: «Para siempre confirmaré tu descendencia y edificaré tu trono por todas las generaciones». En este punto, el himno cambia de escena, pues pasa de la congregación en la tierra a « la congregación de los santos» (es decir, a la corte celestial) para aclamar a Jehová como el rey universal, el guerrero divino que, con su victoria sobre Rahab, creó y gobierna el mundo (versículos 5 a 14). No solamente es el poder absoluto y eterno de Dios lo que el salmo canta, sino que el himno termina esta escena con una alabanza que, al mismo tiempo, le recuerda al Señor que los cimientos de su trono son «justicia y derecho... misericordia [mejor, "lealtad"] y verdad» (versículo 14). Esto es un elemento importante que respaldará la súplica de la segunda parte del salmo. La bienaventuranza del versículo 15, que se refiere al pueblo de Israel y no a la corte celestial, nos trae de nuevo al plano histórico de este mundo, y es el pueblo el que dice: «Jehová es nuestro escudo; nuestro rey es el Santo de Israel». Esos dos versículos introducen lo que sigue, todavía en el ámbito del himno, pero acercándose a la crisis que ocasiona la súplica: la promesa dinástica hecha por Dios a David a la que ya se refirió el salmista en los versículos 3 y 4. En los versículos 19 a 37, con claras referencias a 2 Samuel 7, el salmo detalla la elección divina de David, su unción, las promesas del pacto especial con él y con su descendencia y, sobre todo, en los versículos 28 a 37, la inviolabilidad de ese pacto, aunque los descendientes de la estirpe de David lo violen. Serán castigados «con vara su rebelión, y con azotes sus maldades», pero el pacto permanecerá firme, porque el Señor no lo echará de lado. Habiendo jurado, el Señor garantiza que la estirpe de David durará para siempre en el trono de Jerusalén, al menos, mientras duren el sol y la luna.

Y aquí el himno da lugar a la queja apremiante, porque en los versículos restantes el salmista se atreve a acusar al Señor de haber violado su promesa: «Mas tú desechaste y menospreciaste a tu ungido y te has airado con él. Rompiste el pacto con tu siervo; has profanado su corona hasta la tierra» (versículos 38 y 39). Si hubiera que precisar un rey entre los descendientes de David cuya caída ocasionó el salmo, tal vez, Josías, quien murió luchando contra los Egipcios en el año 609 a. C. (véase 2 R 23.28–30), sea el mejor candidato, ya que, después de su muerte, el Reino de Judá entró en una carrera precipitada hacia el desastre de la destrucción de Jerusalén y el exilio babilónico en el 587 a. C.

Ante el desastre, el salmista, impaciente, interpela al Señor: «¿Hasta cuándo, Jehová?... ¿dónde están tus antiguas lealtades [RVR "misericordias"], que juraste a David según tu fidelidad?». El salmo termina en una nota atormentada por la aparente inacción del Señor y la enormidad de lo que ha sucedido: «tus enemigos, Jehová, han deshonrado, porque tus enemigos han deshonrado los pasos [mejor, "las huellas"] de tu ungido [¿David?]».

Libro 4

Salmos 90–106

Salmo 90

El salmo 90 lleva el título «Oración de Moisés, varón de Dios», y es el único que se atribuye a Moisés en el Salterio. Por supuesto, que esa atribución es tardía, ya que el salmo refleja inquietudes y actitudes similares a las de la literatura sapiencial del período posexílico, sobre todo, al Eclesiastés. El salmo es una meditación sobre la eternidad de Dios y la impermanencia de la vida humana, y tiene, además, ciertas características formales que lo asimilan a las quejas o súplicas congregacionales. Es, asimismo, una obra de genio poético indudable.

El salmo se dirige directamente a Dios con su primera palabra, «Señor» (*Adonai*, ‹mi Señor› en hebreo), y le recuerda que ha sido el refugio (o, posiblemente, «la morada») de su pueblo por generaciones sin cuento, pero no le pide nada hasta el versículo 12, de los 16 que contiene. Los primeros once versículos expresan la perspectiva del salmista: ante la inconcebible eternidad y potencia absoluta de Dios [«antes que nacieran los montes y formaras la tierra y el mundo, desde el siglo y hasta el siglo (es decir, eternamente), tú eres Dios»] la vida humana es insignificante, tanto en duración como en poder. El versículo 3 parece referirse a la tradición de la creación del ser humano del polvo de la tierra —aunque no usa la misma palabra que usa Gn 2.7— y, por eso, es preferible traducir el verbo «shuv» (*shuvu*, en la segunda parte del versículo,) con «volved», en vez de «convertíos» como lo hace la RVR. Es decir, que Dios hizo al hombre del polvo, y al polvo lo devuelve, diciendo «¡Volved, seres humanos [lit., hijos de Adán]!».

El versículo 4 pone claro el contraste entre la breve existencia humana y la escala del tiempo de Dios: un milenio para él es como el ayer que ya pasó, o como una de las tres divisiones de la noche (unas tres o cuatro horas), y un milenio son como 40 generaciones humanas. Después de referirse a la brevedad de la vida humana con la metáfora de la hierba (5 y 6), el salmista introduce la idea de que esa brevedad se debe a la ira de Dios ante la maldad humana (versículos 7–10). Es curioso que, si como parece tuvo en mente la tradición que recoge Gn 6.3, donde Dios limita la vida humana a 120 años, el salmista, más realísticamente, limita esa cantidad a 70 o, lo más, 80 años en el versículo 10. El versículo 11 introduce la transición a la súplica, pero a una súplica de carácter sapiencial, es decir, que el salmo no ruega «líbranos» o «prolonga nuestra vida», sino «Enséñanos de tal modo a contar nuestros días que traigamos al corazón (es decir, la mente) sabiduría» (12).

La súplica que sigue en los versículos 13 a 17 es más convencional, y un poco desconectada de lo que la precede, pidiendo compasión y misericordia, alegría y luz, y la confirmación divina de las obras humanas —tal vez, en contraste al límite impuesto por Dios a la vida humana individual.

Salmo 91

El salmo es difícil de clasificar en las categorías de género tradicionales. Dado el contenido, podemos, tal vez, llamarlo un oráculo de confianza, que tal vez haya sido el final de una liturgia para un rito de queja o súplica individual. Alonso Schökel ha sugerido una estructura dramática para el salmo, con tres personajes: el liturgista, el orante y Dios. El liturgista comienza, con el versículo 1, en el que proclama el principio general: la protección divina de los que buscan refugio en Dios. El orante responde con el versículo 2, que es la fórmula que hace precisamente eso, y que las primeras palabras del versículo 9 citan, usando la misma frase que usa el 2, «Jehová, refugio [RVR ‹esperanza›] mío». Posiblemente, el orante repite su petición formal en ese lugar y el salmo lo indica con la primera frase solamente.

El liturgista lleva la mayor parte del salmo: 3 a 8 y 9b a 13. En estos versículos, en forma alusiva y metafórica, se refiere a los peligros de los cuales el Señor protegerá al orante: el lazo del cazador, la peste, el terror nocturno, la saeta diurna, la pestilencia, la mortandad, es decir, cualquier peligro imaginable. El creyente estará seguro bajo las alas del Señor, «escudo y adarga es su verdad». Inmediatamente después de la segunda profesión de confianza en Dios en el versículo 9, el salmista reitera la promesa de protección: «no te sobrevendrá mal ni plaga tocará tu morada» e introduce los dos versículos del salmo que en Mt 4.6 y Lc 4.10-11, el diablo usa para tentar a Jesús en el desierto. La idea de ángeles como seres protectores es común en textos que tienen origen en el judaísmo del período posexílico y nos permiten datar el salmo. La última colección de imágenes de seres nocivos, que cesarán de ser peligros para el protegido por el Señor: el león y la víbora, el cachorro de león y el dragón, es lo último que dice el liturgista, ya que en el versículo 14, y hasta el final del salmo en el 16, es Dios el que habla, confirmando su bendición y protección al suplicante.

Salmo 92

El encabezamiento del salmo lo llama, además de «salmo» (mizmor), «canto para el sábado». Es un salmo individual de acción de gracias y, si nos guiamos por el contenido, el salmista habla con la voz de un músico del santuario, anciano pero vigoroso, que expresa a Dios sus gracias por las fuerzas que le ha dado, y le continuará dando, para vivir la vida que la tradición sapiencial califica como la del «justo» (*tsaddiq*). Los primeros cuatro versículos son un hermoso comienzo, ya que en miniatura, pero con mucha gracia, anuncian el contenido del resto del salmo. Con hábil uso del paralelismo, estos versículos nos presentan al músico cuya vocación y deleite es alabar/cantar salmos a Jehová/el Altísimo, anunciando de mañana/y de noche su lealtad [RVR: misericordia]/fidelidad con los instrumentos de su arte: decacordio (arpa de diez cuerdas) y salterio, «higgaion» (RVR dice «en tono suave», pero no sabemos qué significa) y arpa. El motivo es la acción de gracias por las obras del Señor/obras de tus manos, que el músico dice le han alegrado/dado gozo.

La segunda estrofa (versículos 5 a 9) introduce los adversarios tradicionales de la literatura sapiencial: los necios o insensatos, los impíos o los que hacen maldad. Aunque «florecen» —uno de los problemas centrales para esta literatura es que los necios e impíos prosperan— el salmista parece resolver el problema al traerlo al asunto: «brotan... como la hierba y florecen... para ser destruidos eternamente»(7). Esa imagen de la efímera flor de la hierba hace contraste con el florecimiento del justo «como la palmera», cuyo crecimiento el poeta compara con el del cedro del Líbano (12) en la estrofa final. Primero, el salmo introduce una imagen de fuerza animal entre las del reino vegetal —en el versículo 10 el salmista, con plena confianza en el Señor que le ha de dar «fuerzas como las del toro salvaje» (el hebreo dice literalmente «alzarás mi cuerno como el del toro salvaje»). En la segunda parte del mismo versículo, el hebreo no usa el verbo que significa «ungir», sino untar, dar un masaje, como lo hacían a los atletas, con aceite fresco (lit. «verde»). El justo, como un campeón poderoso y listo para el combate, se enfrenta a sus enemigos. Y aunque el campeón ya es anciano, está bien plantado en los atrios de la casa del Señor, para anunciar «que Jehová, mi fortaleza, es recto y que en él no hay injusticia».

Salmo 93

Este breve himno pertenece a un grupo de salmos (47, 93, 95 – 99) que se han identificado como «himnos del reinado del Señor» por su contenido, que incluye imágenes de Dios (*elohim*, en el 47) o el Señor (YHWH en todos los otros) aclamado como rey. Aunque las imágenes centrales de estos salmos provienen de la antigüedad y están relacionadas con las tradiciones de Canaán y de Babilonia, lo más probable, es que salmos como el 93 hayan surgido en las congregaciones judías del tiempo del Imperio Persa y que, por lo tanto, podamos leerlos bajo el signo del rechazo de la absoluta autoridad que éste se arrogaba. El salmo se desarrolla en tres cortas estrofas, dos que pudiéramos llamar estampas, o imágenes extendidas, y una alabanza final.

La primera estampa (versículos 1 y 2) comienza con la aclamación «¡Jehová reina!» y muestra una imagen del Señor como aparece un rey en su corte: ataviado con magníficas vestimentas y «ceñido con poder», probablemente, una referencia al cinturón donde llevaba su espada. Se sienta en el trono, y su trono es tan firme como los cimientos del mundo que él fundó y tan antiguo como la creación misma. La segunda (versículos 3 y 4) es la bien conocida imagen del creador como el guerrero divino, que subyuga al mar y a los ríos, que representan el caos primordial (véase el Salmo 89.9-10, otro ejemplo entre muchos). Ya que el rey magnífico y poderoso se sienta en un trono firme y eterno, y que ha dominado a su enemigo, la alabanza final del versículo 5 le dice «Tus testimonios [mejor, ‹decretos›] son muy firmes; la santidad conviene a tu Casa, Jehová, por los siglos y para siempre».

Salmo 94

Es tradicional clasificar este salmo entre los lamentos o súplicas de la comunidad, y aunque esa clasificación no es del todo desacertada, no llega a describir el salmo por completo. El salmo, por ejemplo, tiene un tono general didáctico y ciertas características formales, que lo vinculan a la poesía sapiencial.

Aunque la palabra neqamot significa «venganzas», darle ese sentido en el versículo 1, donde la RVR llama al Señor «Dios de las venganzas» dos veces, confunde un poco el significado del salmo. La palabra viene de una raíz que, si bien significa «vengar, tomar venganza», también tiene el sentido de «vindicar, hacer justicia» y es mejor usar éste y traducir 'el neqamot, como sugiere DBHE, «Dios justiciero». Como un fiscal que acusa ante la corte del juez supremo a una caterva de criminales que abusan del pueblo, el salmista exhorta al Señor a que le dé a los soberbios «el pago» que merecen, es decir, su sentencia (2). En otros salmos de esta clase, los «enemigos» permanecen mucho más difusos, pero el 94 describe, precisamente, los crímenes —los versículos 5-7 y 20-21 los ponen muy claros— que cometen éstos. Se trata de gobernantes del pueblo, personas que usan sus posiciones de autoridad o influencia para oprimir a miembros vulnerables de la comunidad, los que el salmo representa con la fórmula de «la viuda, el extranjero [mejor, el inmigrante] y el huérfano» que, tantas veces, usa el Deuteronomio precisamente para instar que el Señor los protege. La pregunta retórica del versículo 20, dirigida al Señor y cuya respuesta es un ¡No! categórico, indica que Dios rechaza, absolutamente, a los gobernantes que se constituyen en un «trono de la maldad» para «hacer agravio en forma de ley», conspirar contra el justo y condenar «la sangre inocente». Como dijo el salmista al principio de su argumento (versículo 5): «A tu pueblo, Jehová, quebrantan [mejor, ‹trituran, muelen›] y a tu heredad afliges», es decir, que la opresión de «uno de estos más pequeños» (Mt 25.31-45) no solamente ofende a Dios, sino que oprime a todo el pueblo y aflige a la nación entera.

Muy de acuerdo con la tradición sapiencial, el salmista califica a los que acusa como «necios» o «insensatos» (versículo 8) y en los versículos 8 a 11 los interpela con más preguntas retóricas que demuestran la estupidez de los que, al final del versículo 7, dicen «no verá Jah, ni lo sabrá el Dios de Jacob», para justificar sus crímenes. En contraste, los que reciben la corrección y la instrucción del Señor, es decir, los discípulos de los sabios, son «bienaventurados» como los llama usando otra forma tradicional de la literatura sapiencial (versículos 12 y 13).

El versículo 14 refleja la acusación del versículo 5: el pueblo y la heredad del Señor, maltratados por la arrogante opresión que llevan a cabo los «necios del pueblo», no quedan abandonados o desamparados. El salmista expresa su convicción de que «el juicio será vuelto a la justicia y en pos de ella irán todos los rectos de corazón». Desde este punto, el salmo se hace más personal y, sin abandonar su tema, el salmista habla de las dudas e inquietudes que lo asaltan, y que el Señor siempre ha resuelto y resolverá, en la confesión de fe y confianza que son los versículo 14 a 19. El salmo termina con la nota triunfal de que el Señor, que «me ha sido por refugio... y [la] roca de mi confianza» derrotará a los opresores de su pueblo «y los destruirá en su propia malicia» (23).

Salmo 95

Este es otro de los llamados «himnos del reinado del Señor» (véase el comentario al Salmo 93), y comienza con un llamamiento a la adoración que su frecuente uso litúrgico en las iglesias cristianas confirma debe de haber sido su propósito original. Se clasifica como un himno, pero, más bien, parece un himno truncado, con los primeros siete versículos de los diez del salmo dedicados al llamamiento a la adoración y los últimos tres una amonestación por parte de Dios que termina abruptamente y no recibe respuesta. Es más, que los primeros siete versículos (1 a 7a) son dos llamamientos a la adoración, con la misma estructura, es decir, el llamamiento a la congregación (versículos 1 y 2; versículo 6) seguido por la razón para adorar a Dios, introducida por cláusulas que comienzan en «porque». Esta parte es doble en el primer caso (versículos 3; versículos 4 y 5) y simple en el segundo (versículo 7a). En conjunto, las tres razones que da el salmo para alabar a Dios son: que Dios es «el gran Rey sobre todos los dioses» que, como creador, gobierna el mundo entero, profundidades, alturas, mar y tierra y que es nuestro Dios y pastor. A este Dios universal, Dios de dioses, Dios del mundo, Dios nuestro, debemos adorar con himnos de júbilo y postrándonos en su presencia.

El versículo 7b fuerza una transición en la que se oye, por última vez, la voz directa del salmista («si oís hoy su voz») para desde ese punto oír la voz de Dios, en los versículos que terminan el salmo (8 a 11). Esa voz recrimina al pueblo por la rebelión de sus antepasados en Meriba y Masah en el desierto (véase Éx 17.7), y se refiere a la tradición de los cuarenta años de vagar en el desierto que sufrió Israel por su rebelión después que salieron de Egipto. El salmo 95, como se ha dicho, termina abruptamente con esto. El Salmo 81, de similar estructura y contenido, termina con una exhortación más elaborada y que parece dejar más abierta la puerta a la esperanza de que, en esta ocasión, los resultados serán diferentes.

Salmo 96

El autor de 1 Cr 23, habiendo narrado el establecimiento del «Arca de Dios» en Jerusalén por David, inserta, en los versículos 7 a 36, un largo salmo que es el primero que cantan «Asaf y sus hermanos», habiendo sido nombrados por el rey para que tuvieran a su cargo las alabanzas al Señor. Ese salmo es una composición literaria en la que se reconocen el Sal 105.1-15 (1Cr 23.1-22), el Sal 96 (1 Cr 23.23-33) y el Sal 106.47-48 (1 Cr 23.34-36a). Nuestro salmo, en otras palabras, ya era conocido en el período posexílico, cuando el autor de Crónicas escribió su obra. Sin embargo, la universalidad del salmo, su énfasis en traer a todos los pueblos al Señor, que los juzgará a todos con justicia, y otros elementos similares de su contenido, nos hacen pensar en tendencias del período exílico tardío, posiblemente, el contexto histórico en que se produjo. Es uno más de la serie de «himnos del reinado del Señor» (véase el versículo 10).

El salmo comienza con una repetición triple del imperativo «cantad» (1 y 2) y se dirige a «toda la Tierra» —no solamente a Israel, sino al mundo entero— para exhortarle a un «cántico nuevo», dirigido al Señor. En la primera estrofa del salmo (versículos 1 a 6) la razón que, como es tradicional en los himnos, se da para la alabanza, es la superioridad del Señor sobre todos los dioses. En este caso, aunque el versículo 4 llama a Jehová «temible sobre todos los dioses», el salmo tacha a los dioses de las naciones con ser ídolos, es decir, imágenes hechas por seres humanos, «pero Jehová hizo los cielos» (5), actitud típica de los profetas del exilio. En el versículo final de esa primera estrofa, el salmo introduce el tema de la segunda, «¡Poder y hermosura en su santuario!» (6).

El movimiento de la segunda estrofa (7 a 9) es contrario al de la primera y tercera, es decir, que las «familias de los pueblos» han de venir al santuario a adorar y a traer ofrendas al Señor, otro tema frecuente en el tiempo del exilio tardío y después del regreso a Jerusalén: «Adorad a Jehová en la hermosura de la santidad, temed delante de él, toda la Tierra» (9).

La tercera estrofa (10 a 13) se mueve de nuevo del centro que es Jerusalén para ir a proclamar entre las naciones que «Jehová reina», y que viene a juzgar a los pueblos con justicia. El tema de esta estrofa, es decir, el advenimiento del Señor a juzgar el mundo, se manifiesta en la bella imagen de la naturaleza —tierra y mar, campos y bosques y todos los que en ellos habitan— regocijándose ante la venida del Señor a juzgar «el mundo con justicia, y a los pueblos con su verdad».

Salmo 97

Este salmo pertenece a la serie de «himnos del reinado del Señor» y lo demuestra con sus primeras palabras, es decir, con la aclamación característica de estos salmos: «¡Jehová reina!» (1). Aunque el versículo 1 es un llamamiento al regocijo universal, las imágenes que presenta la primer estrofa (versículos 1 a 6), más bien, evocan temor y temblor ante una teofanía que pudo haber sido sugerida por una erupción volcánica —nubes oscuras de vapor y cenizas, fuego abrasador, relámpagos y terremoto, y torrentes de lava que parecen derretir los montes mismos como cera al fuego. En medio de todos esos fenómenos aparece «Jehová… Señor de toda la tierra», sobre un trono cuyos cimientos son «justicia y juicio», es decir, como juez del mundo, a destruir «a sus enemigos alrededor». Esa visión es de tal magnitud que es imposible no verla: «los cielos anunciaron su justicia y todos los pueblos vieron su gloria».

La estrofa siguiente (versículos 6 a 9) identifica a la única clase de malhechores que el salmo nombra específicamente: «todos los que sirven a las imágenes de talla, los que se glorían en los ídolos». Ante la venida del Señor, éstos quedarán avergonzados, y los dioses falsos mismos se postrarán ante él.

Los versículos 8 y 9 se dirigen a Jerusalén (Sión) y a los pueblos («las hijas») de Judá que la rodean, cuya reacción, en contraste a la de los idólatras, será de gozo y alegría ante la manifestación de Jehová como el Altísimo (*'elyon*), exaltado sobre la tierra y los dioses.

La exhortación final (10 a 12) tiene un tono didáctico, recordándole a la congregación que el Señor protege a sus santos y los libra de los impíos. La luz y la alegría serán la recompensa de los que aman al Señor, aborrecen el mal y son justos y rectos de corazón.

Salmo 98

La semejanza entre el Salmo 98 y el 96 está bien clara —Alonso Schökel los llama salmos gemelos (*Salmos* II, p. 1244) y no sería difícil leerlos, uno a continuación del otro, como una sola composición. Es obvio, entonces, que el Salmo 98 también pertenece entre los «himnos del reinado del Señor» (Salmos 93 a 99). Para leer este salmo en la RVR, es importante hacer una corrección: las palabras hebreas que ésta traduce «lo ha salvado», «su salvación» y «la salvación» en los versículos 1, 2 y 3 significan también, y es mejor así traducirlas aquí, «lo ha hecho triunfar», «su victoria» y «la victoria» respectivamente. Es decir, que el himno da, como la razón por la cual exhorta a «toda la tierra» a cantar un cántico nuevo al Señor, su reciente y maravillosa victoria. Alonso Schökel sugiere que el salmo se refiere a la victoria que constituyó la caída del Imperio Babilónico ante Ciro de Persia, vista por el salmista como la derrota de los dioses de Babilonia por el Dios de Israel, y que permitió el regreso de grupos de los exiliados o, mejor dicho, de sus descendientes, a reconstruir a Jerusalén y a su Templo. Por eso, dice el versículo 3 que «[el Señor] se ha acordado de su misericordia [jasdo, mejor: ‹su lealtad›] y de su verdad ['emunato, mejor: ‹su fidelidad›] para con la casa de Israel».

Ante la victoria «del Rey, Jehová», la humanidad entera («toda la tierra») debe celebrar con aplausos, cantos y música de instrumentos (4–6), un concepto ya expansivo, que en la última estrofa (7–9) el poeta aumenta hasta la hipérbole, cuando presenta al mar y sus criaturas, al mundo y sus habitantes, los ríos y los montes, es decir, a cuanto existe, uniendo sus alabanzas en coro universal «delante de Jehová, porque vino a juzgar la tierra».

Salmo 99

El último de los llamados «himnos del reinado del Señor», el Salmo 99 termina la serie con la imagen del Señor sentado en su trono «sobre los querubines» (1), una referencia al arca, colocada en el lugar santísimo del Templo, como trono (o como el escaño delante del trono, el «estrado de sus pies» de la RVR en el versículo 5) del Señor. Para una descripción de los querubines, véase 1R 6.23-28. El versículo 2 confirma que Sión, es decir, Jerusalén, es el lugar aludido. Es decir, que el poeta usa la imagen del Señor entronizado en el Templo de Jerusalén, en lugar de en su trono celestial. El salmo usa tres veces el vocablo *qadosh*, «santo», para referirse al Señor, en los versículos 3 y 5 y, en forma un poco más elaborada, para concluir el salmo en el 9. Tomando en consideración textos como Is 57.15, o como el «trisagio» de Is 6.3, vemos que el uso de esa palabra para referirse al Señor es, también, característico de la tradición litúrgica del Templo de Jerusalén.

No tan típica es la mención que hace el versículo 6 de «Moisés y Aarón entre sus sacerdotes, y Samuel entre los que invocaron su nombre». Aunque los dos primeros cuentan entre los descendientes de Leví, el antepasado de la casta sacerdotal en las tradiciones del Antiguo Testamento es normalmente Aarón, mientras que Moisés es la figura que representa la Ley. Samuel, el profeta que ungió a David rey, pertenece, más bien, a las tradiciones asociadas con Silo. La «columna de nube» tiene, sobre todo, relación con las tradiciones del Éxodo y del Sinaí.

Las alusiones ya mencionadas a las tradiciones del culto de Jerusalén, tan hábilmente usadas por el salmista, sirven un propósito supremo: presentar al Señor de Israel como el rey justiciero: «la gloria del rey es amar la justicia... tú confirmas en Jacob la justicia y el derecho» (4), el Dios que perdona y que retribuye las obras de los seres humanos (8), a quien el salmo nos exhorta a exaltar y adorar, «porque Jehová, nuestro Dios, es santo».

Salmo 100

Esta breve composición lleva el título de «salmo para dar gracias», lo que puede indicar su uso litúrgico, tal vez, como una exhortación a los congregantes en el Templo para un servicio de acción de gracias. Gerstenberger lo clasifica como un «himno de introito» (*Psalms, Part 2*, y *Lamentations*, 203).

La traducción que la RVR le da a la primera frase del salmo, «cantad alegres a Dios», no le hace justicia al texto hebreo. La palabra que éste usa, *hari'u*, significa «dar gritos», en este caso, de júbilo, pero viene de una raíz que se aplica también a dar el grito de guerra, de alarma o de triunfo. Ya la Septuaginta (*alalaxate*) y la Vulgata (*iubilate*) captaron ese sentido, y así lo hizo, también, Casiodoro de Reina en su traducción del 1569: «Jubilad a Dios toda la tierra». No se trata tanto de cantar, como de gritar de júbilo. El júbilo, además, es universal, por parte de los «habitantes de toda la tierra».

En el versículo 3, sería mejor traducir de'u, el verbo de la primera cláusula, «sabed», en vez de «reconoced» y, en la cláusula siguiente, leer el qere (enmienda marginal) del texto hebreo Masorético, con la Vulgata y muchas versiones modernas, «él nos hizo y [somos suyos]». Ya que este salmo, aunque breve, es un himno, debe declarar la razón por la que exhorta a la alabanza y lo hace en el versículo final (5): «porque Jehová es bueno; para siempre es su misericordia [jasdo, mejor: ‹su lealtad›], y su fidelidad por todas las generaciones».

Salmo 101

Este salmo, que por su contenido debe clasificarse con los salmos reales, es, por demás, uno de los más difíciles de clasificar en todo el Salterio. El título añadido por un editor tardío lo llama, simplemente, «Salmo de David» y, tal vez, eso no sea más que una forma de expresar lo ya dicho: que el salmo es un soliloquio en el que un rey se dirige al Señor. Si ponemos en cuestión el uso posible del salmo, es difícil pensar en una ocasión en el culto, aun en el culto relacionado con la consagración de un rey. Tal vez haya tenido el salmo un propósito didáctico, para enseñar las virtudes que los que aspiraban a servir en la corte de un buen rey debían cultivar, un propósito que, claramente, tienen también ciertas partes del libro de Proverbios.

En los dos primeros versículos, el rey le ofrece al Señor su canto, en el que alaba sus virtudes: «Misericordia [mejor, ‹lealtad›] y juicio cantaré… Entenderé [mejor, ‹le pondré atención›] al camino de la perfección [mejor, ‹honestidad›]» y, ya que «matay», la palabra que introduce la última cláusula del 2 es interrogativa, dice «¿Cuándo vendrás a mí?» en vez de «cuando vengas a mí».

En lo que sigue, el rey describe algunos de los resultados de su propósito anunciado de darle atención al «camino de la honestidad» (*derek tammim*), el primero de los cuales es que «en la integridad de mi corazón [*betam levavi,* mejor ‹en la honestidad de mi mente›] andaré en medio de mi casa» o, en otras palabras, el rey se compromete a pensar y a comportarse honestamente en su palacio; y a ni siquiera mirar a nada que sea *devar-beliyya'al,* «cosa injusta» (3) [pero también «inútil» o «malvada»]. Con este elevado propósito en mente, el rey rechazará de su compañía a los «que se desvían», es decir, los que dejan el camino de la honestidad, y a los de «corazón perversículo» (4) es decir, los de mente corrupta y torcida, lo contrario de la mente honesta que el rey le ha prometido a Dios. Como dijo ya que no miraría siquiera a una cosa injusta, dice, ahora, que no va ni a conocer al malvado. En el versículo 5 da ejemplos de «malvados», como los que abundan en las cortes reales: el que calumnia a su compañero para lograr su propia ventaja (por ejemplo, como Amán calumnió a los judíos en su intento de destruir a su rival Mardoqueo en la corte del Rey Asuero, en el Libro de Ester), o el arrogante «de ojos altaneros y de corazón vanidoso» (por ejemplo, con Nabucodonosor en Daniel 4). Los ejemplos, ambos provenientes de la literatura judía posexílica, muestran que estos tipos de comportamiento preocupaban a los autores de obras didácticas. El versículo 6 del salmo nos da un patrón positivo: el rey se rodeará de siervos honrados, «los fieles de la tierra» que, como él, anden en el camino de la honestidad. A esto debe aspirar quien aspire servirle, ya que el rey no tolerará ni al defraudador ni al mentiroso (7) y, es más, se compromete a exterminar a los impíos y a los que hacen maldad de la «ciudad de Jehová».

Salmo 102

El Salmo 102 combina elementos de un lamento individual —con el tema de una aflicción personal— con los de un lamento comunal por la ruina de Sión. Además, combina elementos que, más bien, parecen ser parte de un himno de alabanza con los que son, tradicionalmente, parte del lamento. A pesar de ser bastante largo, el encabezamiento no nos dice mucho más de que es un lamento, y no añade ni instrucciones musicales ni atribución a algún supuesto autor. Dado el contenido, sobre todo las referencias a la ruina de Sión y a la esperanza de que «el plazo ha llegado» para que Dios la reconstruya (13), el salmo fue, posiblemente, compuesto en el Período Persa.

La invocación (versículos 1 y 2) al Señor tiene forma convencional, pero introduce la sección principal de queja individual (3 a 11), donde el salmista despliega mejor su arte poética. Tres temas se entretejen en esta sección: el del enfermo o acongojado que, a fuerza de no comer y lamentarse se consume, el del pájaro solitario que habita lugares apartados o desolados; y el tema usual de los enemigos que se ensañan con el afligido para añadir oprobio a su sufrimiento. En el versículo 6, la versión griega de la Septuaginta fue la primera en traducir el nombre de un pájaro desconocido «pelícano del desierto», cosa inverosímil. El ave del texto debe ser algún tipo de lechuza o de cuervo. Con la imagen compuesta de las tres aves, el poeta prepara al lector para la transición entre el lamento por su ruina física y por la ruina de Jerusalén. Como la lechuza en el desierto, como el búho en las ruinas, como un pájaro solitario (¿sin nido? ¿sin bandada?) en el techo, el salmista se vuelve hacia la desolación, la ruina y la soledad de Sión. La transición ocurre en el versículo 12, que introduce la sección siguiente (12 a 22). En esta sección, el salmista apremia al Señor —que es eterno— insistiendo en que «es tiempo de tener misericordia de ella [Sión] porque el plazo ha llegado». El contraste entre el Señor y el salmista y los otros «siervos» que, en las ruinas de Sión «aman sus piedras y del polvo de ella tienen compasión» no es solamente entre la eternidad y el tiempo, es también espacial, el Señor mira «desde los cielos a la tierra», no solamente para reedificar a Sión, sino para salvar a los presos y liberar los condenados a muerte. Tal obra de reconstrucción y de liberación, arguye el salmista en su petición, será vista por las naciones y sus reyes, los cuales verán la gloria del Señor y se congregarán en Jerusalén para adorarle.

El salmo vuelve a la súplica individual en el versículo 23, donde el poeta se queja de que Dios —que es eterno— le ha cortado a él el plazo de la vida «en la mitad de mis días», pero a seguir, con la acertada imagen del Dios eterno que se muda el universículo desgastado como alguien se muda una ropa raída y vieja, nos presenta una nueva faceta de la eternidad de Dios en el versículo 28: «Los hijos de tus siervos habitarán seguros y su descendencia será establecida delante de ti» es decir, que Dios estará, también, con las generaciones futuras.

Salmo 103

Aunque el principio de este salmo es un soliloquio interno que el salmista dirige a su alma (versículos 1 a 6), no cabe duda de que el salmo es un himno congregacional, y que el llamamiento al «alma mía» y a «todo mi ser» a bendecir al Señor y a «su santo nombre» tiene el propósito de invitar a cada individuo en la congregación, a ofrecer en conjunto sus bendiciones individuales. Los «beneficios» del Señor que el salmista se exhorta a no olvidar se resumen en la serie de seis participios en los versículos 3 a 6: «perdona... sana... rescata... corona... sacia... hace justicia».

En la sección mayor del salmo (versículos 7 -18), el salmo amplía su enfoque al plural («nosotros») y adopta un tono penitencial, al mismo tiempo reconociendo los pecados y rebeliones de Israel y la gran misericordia del Señor para su pueblo. Dios le ha dado la Ley a su pueblo por medio de Moisés (7), e idealmente el pueblo ha debido ser «los que guardan su pacto y los que se acuerdan de sus mandamientos para ponerlos por obra» (18), pero el salmo discierne dos elementos que han marcado la historia de Israel desde Moisés: la fragilidad de la vida y de la fidelidad humanas y la eterna misericordia/lealtad de Dios. En estos versículos, los más majestuosos del salmo, el Señor pasa de ser el rey justiciero, o el juez del universículo, a ser «el padre [que] se compadece de los hijos... porque él conoce nuestra condición; se acuerda de que somos polvo».

El segmento final (versículos 19 a 22) del salmo cambia de nuevo su enfoque, y pone en realce los temas del trono y la corte celestiales, llamando a los ángeles y a los ejércitos celestes a bendecir al Señor, junto con «todas sus obras, en todos los lugares de su señorío». Y, por supuesto, entre esas obras se encuentra el salmista, que cierra el salmo con las mismas palabras con las que lo abrió: «Bendice, alma mía, a Jehová».

Salmo 104

Como el salmo anterior, el 104 comienza y termina —si consideramos el «¡Aleluya!» final en el versículo 35 una glosa añadida por un escriba entusiasmado— con el llamamiento a la adoración «¡Bendice, alma mía, a Jehová!». Hay ciertas otras semejanzas formales, por ejemplo, la serie de seis participios que describen la grandeza de Dios en el 104.2-4 («se cubre... extiende... establece... pone... anda... hace...») que podemos comparar a la lista de seis participios que describe los beneficios del Señor en el 103.3-6. A pesar de esas semejanzas, es necesario hacer la observación que los dos salmos tienen puntos de vista y contenidos muy distintos, y que se hace difícil verlos como dos partes de una misma composición. Por otro lado, el Salmo 104 contiene elementos similares al bien conocido «Himno al Atén», un poema egipcio dedicado al dios del sol e inscrito en la tumba de uno de los oficiales del Faraón Akhenaton. Esto no quiere decir que el Salmo 104 dependa del himno egipcio, sino, más bien, que ambos están arraigados en una tradición sapiencial internacional y común, de donde viene la amplia visión de la naturaleza en sus diversículos órdenes que ambos poemas presentan.

La primera estrofa (versículos 1 a 4), después del llamado a bendecir al Señor que ya se ha mencionado, se dirige a «Jehová Dios mío» y alaba, usando imágenes bastante tradicionales del cielo y de fenómenos meteorológicos celestes, la «gloria y… magnificencia» con la cual el Señor se ha engrandecido.

La estrofa siguiente (versículos 5 a 9) tiene como tema central la creación a base de la separación de las aguas y de la tierra, imagen que aparece, frecuentemente, en las tradiciones bíblicas. La palabra hebrea tehom («abismo» en el versículo 6) es la misma que aparece en Gn 1.2 y en varios otros textos para denotar el océano primordial al que Dios, como en este salmo, le impone orden para fundar la tierra.

En la sección siguiente (10 a 13), el salmo alaba la obra de Dios en proveer las aguas, no ya como un océano amenazador y caótico, sino como las aguas de los manantiales que llenan los arroyos para que las bestias y los pájaros beban, y las de la lluvia que cae del cielo a saciar la tierra. En los versículos 14 a 23, el salmo esboza un sistema de interacciones ecológicas en el que pone al hombre como parte de un cuadro mucho más extenso, en el que encajan, también, los animales. Si el campo produce «heno para las bestias», produce también el vino, el aceite y el pan que sustentan la vida humana, y la presa que cazan los leones que «reclaman de Dios su comida». Hay nichos, en ese sistema, para que habiten toda clase de animales y aves, de cigüeñas a conejos y, por implicación, también para el ser humano. El sol y la luna juegan un papel importante, como en Gn 1.14-19, donde sus funciones principales son, también, las de marcar las divisiones del tiempo. Una de las imágenes más acertadas del salmo se encuentra en los versículos 19 a 23, donde la puesta y la salida del sol marcan los turnos alternos de las alimañas y fieras nocturnas —la cuadrilla que sale a buscar su alimento de noche— y los seres humanos, que se levantan a labrar los campos con el alba, cuando los leoncillos «se echan en sus cuevas».

El versículo 24 parece ser el final de esta descripción poética del sistema de la tierra llena de los beneficios de Dios para todas las criaturas, de las obras innumerables del Señor, hechas «todas ellas con sabiduría». Sin embargo, casi como un apéndice, los versículos 25 y 26 añaden el mar y sus creaturas al bosquejo del sistema de la naturaleza, el ancho mar con sus «seres innumerables, seres pequeños y grandes». Sabemos que los hebreos no tenían mucha experiencia ni pericia en el mar, como sus vecinos los fenicios, y no es sorprendente, en este caso, ver lo pobre que es la descripción, comparada con la de los habitantes de la Tierra, en estos versículos. «Allí lo surcan las naves, allí está Leviatán que hiciste para que jugara en él». Leviatán es el monstruo fabuloso, basado aquí, tal vez, en la ballena, pero que en Job 41 parece, más bien, ser un cocodrilo o dragón.

El salmo resume la razón por la cual el ser humano le debe dar gloria al Señor para siempre en el hermoso encomio de los versículos 27 a 30: todos los seres creados —y los seres humanos entre ellos, sin distinción— «esperan en ti, para que les des la comida a su tiempo». Nuestra existencia depende de la providencia divina y es su espíritu el que nos crea y nos sostiene. Habiendo dado la razón, en los versículos finales (31 a 35) el salmo alaba al Señor, el salmista hace voto de cantar salmos a Dios mientras viva, regocijarse en él y, después de rogar en forma estereotipada, la destrucción de pecadores e impíos, cierra con la exclamación con la que principió: «¡Bendice, alma mía, a Jehová!».

Salmo 105

Los dos últimos salmos del cuarto libro del Salterio, el 105 y el 106, se asemejan en que ambos son himnos congregacionales, y en que sus temas básicos provienen de la tradicional «historia de la salvación» que informa muchas otras composiciones, tanto entre los salmos como en el resto del Antiguo Testamento. Al mismo tiempo, los dos salmos enfocan elementos muy distintos de esa tradición, así que el Salmo 105 se puede considerar un himno de alabanza por las proezas que Dios ha hecho a favor de su pueblo, mientras que el 106 es, más bien, un himno penitencial o de confesión por las faltas y pecados del mismo pueblo. No se contradicen, sino que muestran aspectos opuestos de la misma realidad.

La introducción del Salmo 105 (versículos 1 a 6) es, como conviene a un himno, un llamamiento a la adoración, con una cadena de verbos imperativos que exhortan a la congregación a la alabanza y, en el versículo 2, definen la forma de esa alabanza diciendo «¡Cantadle, cantadle salmos!». Al final de esa sección, el poeta indica la razón de la alabanza al identificar a la congregación como «descendencia de Abraham su siervo, hijos de Jacob, sus escogidos», es decir, que el punto de partida del salmo es el reconocimiento congregacional de que son herederos y beneficiarios de la fidelidad de Dios al pacto que hizo con los antepasados de Israel. Esto lo hace claro al entrar en la sección siguiente (versículos 7 a 15), la primera de cinco en las que relata la historia del pueblo de Israel. La primera se refiere al pacto (versículos 8 a 11) con Abraham y su descendencia, enunciado por primera vez en Gn 12.1-3, y a la tradición deuteronómica que resume Dt 26.5, que se refiere a Jacob/ Israel como «un arameo a punto de perecer… el cual descendió a Egipto y habitó allí con pocos hombres» (versículos 12 a 15). En los versículos 16 a 25, el salmo alude a la historia de José en Egipto, donde Dios lo hizo ascender de la esclavitud y la cárcel hasta un puesto de autoridad suprema, y donde José trajo a su familia y se hicieron un pueblo tan fuerte y numeroso que los Egipcios los aborrecieron y los oprimieron.

Moisés, Aarón y las plagas de Egipto, inclusive la muerte de los primogénitos (36), continúan la historia en los versículos 26 a 36. El éxodo, con varios de los milagros que, tradicionalmente, incluye ese evento, pero sin mencionar el paso del Mar Rojo, como lo hace el Salmo 106.9, es el tema de la siguiente sección (versículos 37 a 42), que termina volviendo a referirse a «su santa palabra dada a Abraham su siervo» como la razón por la que Dios hizo estas maravillas. En la sección final, la conquista de Canaán se reduce a dos versículos, el 44 y 45, y Dios la hizo posible «para que guardaran sus estatutos y cumplieran sus leyes», lo que parece anticipar el tema del salmo siguiente.

Salmo 106

El Salmo 106 es un himno penitencial, es decir, una confesión de pecados. Así como el 105 declara a la congregación herederos de las promesas de Dios a Abraham y a los antepasados, éste los hace reos de los pecados y rebeliones de sus padres contra Moisés. «Pecamos nosotros, como nuestros padres; hicimos maldad, cometimos impiedad» dice el versículo 6.

Pero el tono del salmo, aunque confesional, es también de confianza, como lo demuestra el llamamiento a la adoración con el que comienza (versículos 1-5): «¡Alabad a Jehová, porque él es bueno, porque para siempre es su misericordia [mejor: ‹porque su lealtad es eterna›]!». El versículo 3, un toque sapiencial, es una bienaventuranza de forma clásica que bendice a los que —hipotéticamente— actúen de manera opuesta a la conducta que va a confesar el salmo. Los versículos 4 y 5, sin embargo, se atienen a la benevolencia de Dios más que a la capacidad humana para la justicia.

Así, el salmista aborda su tema principal, que va a elaborar en el cuerpo del himno, y que ya ha sido mencionado arriba. Desde el versículo 6 al 39, el salmo recapitula la historia tradicional de Israel desde el éxodo, pero ya que «Nuestros padres» dice, «en Egipto, no entendieron tus maravillas», es ahora una historia de rebelión constante, que se extiende desde el éxodo hasta el exilio babilónico, y la situación de las comunidades judías de la diáspora posexílica, de donde probablemente proviene el salmo. Ante esa actitud del pueblo, Dios es fiel a sus promesas, y una y otra vez salva al pueblo rebelde, que pronto se olvida y vuelve a pecar. Frente al Mar Rojo se rebelaron, pero Dios hizo el gran milagro y secó el mar, que ellos cruzaron sanos y salvos, pero que anegó y ahogó a los egipcios que los perseguían (7-12). «Entonces» dice el 12, «creyeron a sus palabras y cantaron sus alabanzas». Pero en el versículo siguiente, dice el salmo, «Bien pronto olvidaron sus obras; no esperaron su consejo» (13). Ese patrón que ve la historia de Israel como rebelión/ salvación/ fidelidad breve/ nueva rebelión se repite en el salmo, tal como lo hace en obras de la escuela deuteronomística, por ejemplo, en el Libro de Jueces. No solamente tacha el salmo a los antepasados de Israel de falta de fe en el poder de Dios, sino de idolatría activa, desde el becerro de oro («la imagen de un buey que come hierba», versículo 20) hasta Baal, o peor (28) y sacrificios humanos, «la sangre de sus hijos y de sus hijas, a quienes ofrecieron en sacrificio a los ídolos de Canaán» (38). Y así, dice el salmo, rebelándose muchas veces, y tantas veces siendo librados, cuando Dios «miraba cuando estaban en su angustia, y oía su clamor; se acordaba de su pacto con ellos y se compadecía conforme a la muchedumbre de su misericordia [mejor; ‹su lealtad›]» (44,45).

El versículo 46 habla claramente con el acento del exilio —no se trata de la intervención divina procurando la salvación de Israel por medio de victorias épicas, sino mitigando y guiando los propósitos de «todos los que los tenían cautivos», tema que encontramos en libros como Daniel y Ester. El salmo termina con una plegaria (47) que ruega, una vez más, a «Jehová, Dios nuestro» que salve a su pueblo y los recoja de su diáspora entre las naciones, para que, de nuevo en Sión, puedan alabar su santo nombre.

El versículo 48 no es parte del Salmo 106, sino la doxología que concluye el cuarto libro del Salterio.

Libro 5

Salmos 107-150

Salmo 107

Este gran himno de acción de gracias tiene señas de su origen y uso en la liturgia. Comienza con una estrofa introductoria (versículos 1-3), la que, a su vez, comienza con la fórmula «Alabad a Jehová porque él es bueno, porque para siempre es su misericordia», que también abre los salmos 106, 118 y 136 —lo que sugiere su uso común en el culto. En el resto de esta primera estrofa, el salmo llama a su audiencia «los redimidos de Jehová» y, al referirse a los puntos cardinales, expresa la dispersión universal de ese grupo— lo que, al mismo tiempo, indica que el salmo proviene del tiempo después del exilio. El salmo entonces mira a la diáspora del pueblo judío y, tal vez, señala el despuntar del concepto escatológico de la gran congregación que se juntará en Sión en los últimos días.

El cuerpo del salmo lo forman las cuatro estrofas que siguen, cada una de las cuales señala un ejemplo distinto de la redención que el Señor ha llevado a cabo. Estas estrofas tienen como característica formal común un doble estribillo, que bien pudo haber sido una respuesta antifonal en la liturgia. Sirvan de ejemplo los versículos 6 y 8, en la primera de estas estrofas: «Entonces clamaron a Jehová en su angustia y los libró de sus aflicciones... ¡Alaben la misericordia de Jehová y sus maravillas para con los hijos de los hombres!». Estas palabras se repiten en los versículos 13 y 15, 19 y 21 y 28 y 31. En el texto hebreo son exactamente las mismas palabras, aunque hay pequeñas variaciones en la RVR. Cada estrofa describe una situación crítica en la que un grupo de creyentes se encuentra, al final de cuya descripción se repite el primer estribillo («clamaron a Jehová»), seguido, en cada caso, por lo que el Señor ha hecho para librarlos, e inmediatamente por el segundo estribillo («¡Alaben la misericordia de Jehová...!»). Cada estrofa termina con un versículo final, que en las dos primeras (versículos 9 y 16) es una razón para alabar («porque...») y en las dos postreras (versículos 22 y 32) es una exhortación a la alabanza.

La primera de estas cuatro estrofas (versículos 4 a 9) se refiere a los que «anduvieron perdidos por el desierto», a los que el Señor «dirigió por camino derecho, para que llegaran a una ciudad habitable». La segunda (versículos 10 a 16) tiene que ver con los prisioneros que «moraban en tinieblas y en sombra de muerte [mejor: "lóbrega oscuridad"; véase el comentario al Sal 23.4], aprisionados en aflicción y en hierros», para romper sus prisiones (14) el Señor «quebrantó las puertas de bronce y desmenuzó los cerrojos de hierro», como dice el versículo final de la estrofa (16). En la tercera estrofa, los afligidos son los «insensatos» que, a causa de su pecado, se han sentido tan culpables que llegaron a lo que hoy llamaríamos un estado de depresión, en el cual «su alma rechazó todo alimento, y llegaron hasta las puertas de la muerte» (18). A éstos, el Señor «envió su palabra y los sanó» (20). La cuarta estrofa (versículos 23 a 32) habla de los peligros que tienen que enfrentar «los que descienden al mar en naves y hacen negocio en las muchas aguas». La navegación y el comercio marítimo, actividades dominadas por los fenicios, fueron áreas poco conocidas por los hebreos. Por esto, y tal vez por la presencia de la antigua tradición cananea que identificaba el mar con las fuerzas del caos, enemigas de la creación, el mar, agitado por la tempestad, aparece como lugar de peligros constantes de naufragio y de muerte. El Señor, en este caso, «cambia la tempestad en sosiego y se apaciguan sus olas... y así los guía al puerto que deseaban». Es muy posible que las palabras de este salmo hayan influido en la narración sobre Jesús calmando la tempestad (Mt 8.23-27, Mc 4.35-41, Lc 8.22-25).

Terminadas estas cuatro estrofas, el salmo cambia su estrategia poética, y adopta un punto de vista distinto —en vez del anterior, que se centra en la situación de cuatro clases de creyentes en dificultades, que claman al Señor y éste los salva. En los últimos diez versículos del salmo (33 a 43) el enfoque está en el Señor como un rey o juez que recompensa o castiga, que «convierte los ríos en desierto... la tierra fructífera en estéril, por la maldad de los que la habitan» mientras que «vuelve el desierto en estanques de aguas y la tierra seca en manantiales» donde «establece a los hambrientos». Del mismo modo, «derriba príncipes y levanta de la miseria al pobre». En estas alternativas, como en la exclamación del versículo 42: «Véanlo los rectos y alégrense, y todos los malos cierren su boca», vemos la perspectiva de las escuelas sapienciales; y, como dice el versículo 43, «Quien sea sabio [*jakham*] y guarde estas cosas, entenderá las misericordias [mejor: "los actos leales" o "las lealtades"] de Jehová».

Salmo 108

El Salmo 108 combina, con mínimas variaciones, elementos de otros dos salmos: el 57.7-11 (108.1-5) y el 60.5-12 (108.6-13). Para detalles del contenido, véase el comentario sobre el 57 y el 60. El 108 tiene un encabezamiento más sencillo que los de los otros dos, lo que puede sugerir que esos títulos son totalmente secundarios al texto. También es de notarse que el 57 es un lamento individual y el 60 un lamento colectivo, y que el empate del 108.5 con el 108.6 fue hecho con habilidad.

Salmo 109

En un sentido, se puede decir que éste es un salmo típico del género de las quejas o súplicas individuales, con los elementos que son de esperarse en esa clase de salmo. En otro, el 109, es un salmo único, puesto que contiene una de las maldiciones más extensas del Antiguo Testamento (versículos 6 a 19), aunque, por supuesto, ninguna otra tiene la extensión de Deuteronomio 28.15-68. El problema, para muchos comentaristas y traductores, ha sido precisamente que el salmista, tal como aparece en el texto hebreo, profiere estas ásperas maldiciones contra su adversario, después de haber dicho que es «en pago de mi amor» y que «[le] devuelven mal por bien, y odio por amor». No es sólo que el paso del amor al odio que reflejan las maldiciones del salmo parece demasiado exagerado, sino que se nos hace desagradable pensar en términos de pedirle a Dios que haga algo que parece ser una represalia personal. Una manera posible de resolver esto es la que sugiere Alonso Schökel en la traducción que presenta en su comentario, aunque no en la NBE o en La Biblia del Peregrino y que, también, usa la NRSV en inglés: introducir al principio del versículo 6 una palabra o frase que convierte la maldición en palabras del adversario. Así, Alonso Schökel introduce «[Dicen:]» (*Salmos II*, 1354) y la NRSV «They say,». Vale decir que no hay base alguna en el texto para entenderlo así, y que ni la Septuaginta ni la Vulgata, ni la gran mayoría de las traducciones lo hacen. Otros han sugerido, basándose en el ejemplo de ciertos ritos babilónicos, que es una «contramaldición», siguiendo el precepto de que «un clavo saca a otro clavo», de modo que el salmo trata de contrarrestar maldiciones pronunciadas primeramente por el enemigo. Por supuesto, que no hay tampoco una base sólida donde asentar esa teoría. Quedamos, entonces, con el texto tal como está, lo que nos lleva a un mundo religioso donde pedirle a Dios que destruya a un enemigo no fue cosa tan excepcional como quisiéramos que fuera en el nuestro.

La invocación (1) se refiere a Dios como «Dios de mi alabanza», es decir, «Dios al que yo alabo» o, ya que *tehillah* significa tanto «alabanza» como «canto de alabanza», «Dios de mis cantos de alabanza». Con esto en mente, podemos darle a la cláusula siguiente, que la RVR traduce «no calles», una mejor traducción, usando el significado principal de *'al-tejarash*: «no seas [o "te hagas"] sordo». El poeta le habla al Dios que parece no haber oído sus cantos de alabanza, pero también (versículos 2 y 3) que parece no oír el torrente de mentiras y «palabras de odio» que los adversarios del salmista le dirigen mientras «yo oraba» (4). Los versículos 6 y 7 tienen gran importancia para comprender la situación que implica el salmo. En primer lugar, «pon sobre él al impío» debe reflejar más claramente la connotación jurídica y militar del verbo *hafqed*, que la RVR traduce «pon», así que es mejor traducir «encarga de él a un impío». La segunda parte del versículo, si reconocemos el paralelismo con la primera, explica de qué se trata. En primer lugar, no es el nombre propio «Satanás» lo que se debe leer, sino el común, «acusador, rival» y hasta, en el lenguaje jurídico, «fiscal». En segundo lugar el mismo salmo, en el versículo 31, explica lo que quiere decir «estar a la diestra» de un acusado: ser su abogado, su defensor: «porque [Jehová] se pondrá a la diestra del pobre, para librar su alma [mejor: vida] de los que lo juzgan». En resumen, los versículos 6 y 7 dicen: «Encarga de él a un malvado; que un rival lo defienda». El resultado sigue inmediatamente: «Cuando sea juzgado, salga culpable». Y, continuando con el sentido jurídico que tienen también las palabras, en vez de «y su oración sea para pecado» debemos entender «y su petición [de ser declarado inocente] se considere crimen». Las consecuencias, que siguen en los versículos 8 a 15, serán mortales para el reo y funestas, no sólo para sus descendientes, sino hasta para sus antepasados, ya que el salmo le pide que «corte de la tierra su memoria» (15).

Los versículos 16 a 19 describen al malhechor —o mejor, sus crímenes— y aclaran la situación. Las acciones del que «no se acordó de hacer misericordia, y persiguió al hombre afligido y menesteroso» fueron, tal vez, las del un juez que «amó la maldición» (¿condenar?) y «no quiso la bendición» (¿absolver?, ¿tener clemencia?), hasta el punto que se empapó hasta los tuétanos de «maldición» y, vestido y ceñido con ella, es condenado a su vez por Dios.

Con el versículo 20 el salmo regresa al plan tradicional del lamento individual, que sigue hasta el fin del salmo. El salmista le ruega al Señor que lo favorezca y lo libre de sus adversarios, aduciendo su aflicción y pobreza, y hasta su mal estado de salud, ante las calumnias y burlas de los otros. En el 28, dado el contenido del salmo, hay una nota de ironía en la petición «Maldigan ellos, ¡pero bendice tú!».

El salmo termina con un voto de alabanza que sigue el modelo tradicional en el versículo 3; pero que, como ya se ha dicho, en el 31 hace eco de la sección principal del salmo.

Salmo 110

Sin duda alguna, el Salmo 110 es uno de los salmos reales: es decir, de los salmos que tuvieron origen en los ritos asociados con la monarquía en Jerusalén. Es difícil precisar un período general en el que se compuso este salmo y, menos, poderlo asociar con el reinado de algún rey en particular, ya que los salmos reales tienden a usar un idioma cargado de metáforas, muchas de las cuales tuvieron su origen en las ceremonias asociadas con la monarquía cananea y hasta con la egipcia. En este mismo salmo, la mención de Melquisedec en el versículo 4 nos lleva directamente a Génesis 14.17-20, donde «Melquisedec, rey de Salem y sacerdote del Dios Altísimo» bendice a Abram (Abraham). La referencia a la tradición de que Melquisedec había sido rey y sacerdote de Salem/Jerusalén siglos antes de que David conquistara la ciudad y la hiciera su capital está clara en ambos pasajes. Lo que no está claro es lo que significa. Ni sabemos tampoco si el salmista escribió este salmo en tiempos de la monarquía para celebrar la entronización de un descendiente de David como rey de Judá, o si lo escribió cuando la monarquía existía, solamente, en la memoria y en la esperanza de Israel.

A diferencia de muchos otros salmos que tienen que ver con la relación entre el Señor y el rey, el 110 ni siquiera menciona la justicia. Este salmo tiene que ver, casi exclusivamente, con el poder militar del rey. El rey, dice desde el primer momento el «oráculo» (la palabra *ne'um* significa algo así y tiene un uso, casi exclusivo, en los profetas) del Señor, ha de sentarse a la diestra del Señor, hasta que éste subyugue a sus enemigos. El salmo no lo dice en esas palabras, sino que usa una metáfora: «Hasta que ponga a tus enemigos por estrado [mejor, "escaño"] de tus pies». No sólo es la palabra *hadom* de origen egipcio, sino que sabemos exactamente el origen de la imagen: los tronos de los faraones frecuentemente tenían escaños tallados o pintados con imágenes de los enemigos tradicionales de Egipto, representados como prisioneros de guerra o, en forma más abstracta, como los «nueve arcos». Sobre ellos, el faraón sentado en su trono ponía sus pies. Similarmente, el versículo 2 no se refiere a una «vara». La expresión «la vara de tu poder [*matteh 'uzzekha*]» se traduce mejor «tu poderoso cetro», imagen del poder que el Señor proyectará desde Sión para destruir a los enemigos del rey. El cetro es, en su origen, una maza, es decir, un arma de batalla, y así se explica la imagen del Señor machacando reyes (5) y cabezas (6) en los versículos finales

126

del salmo. El juicio con él que juzgará a las naciones en estos versículos es que «las llenará de cadáveres». Con lo ya dicho basta para poder decir que el salmo tiene un tono militarista y belicoso, y es en ese contexto que podemos entender el versículo 3 como referencia a la voluntad del pueblo de servir en el ejército del rey (recordando que *beyom jeylekha* significa «en el día de tu ejército» es decir, en el día en que se llamen las tropas a la guerra, tanto como «en el día de tu poder», que es como la RVR traduce). La segunda parte del versículo 3 es difícil de traducir, no porque el texto no esté claro, sino porque no podemos recobrar completamente el significado del contexto. Parece ser un elogio al rey por su vigor de joven, pero ni «el seno de la aurora» ni «el rocío» se nos dan a entender completamente hoy. Lo mismo se puede decir del último versículo del salmo. Las palabras están bien claras y se traducen sin mayor dificultad. El problema es entender lo que significan en el contexto del salmo, y posiblemente se refieren al Señor como un guerrero que en medio de la batalla pausa a saciar su sed con el agua de un arroyo y luego «levanta la cabeza» revivido para continuar el combate.

Siendo uno de los salmos reales, el 110 se convirtió en un salmo mesiánico en la interpretación judía del período posexílico tardío, y así aparece en el Nuevo Testamento (por ejemplo, en Mt 22.41-46 y también Mc 12.35-37; Lc 20.41-44) en boca de Jesús, quien usa los dos primeros versículos del salmo para probarles a los fariseos con los que estaba discutiendo que el Mesías (Cristo) sería, más que hijo de David, Hijo de Dios. Son demasiadas las citas para incluirlas todas aquí, y mucho menos comentarlas. Baste decir que el Salmo 110 les dio pie a escritores tan distintos como Pablo (Ro 8.34, 1 Co 15.25-26; Ef 1.20-22, etc.) o el autor de la Epístola a los Hebreos, para quien Sal 110.4 es uno de los textos clave que le permiten identificar a Jesús como el sacerdote perfecto «hecho más sublime que los cielos» (He 7.26), que es el «fiador de un mejor pacto» (He 7.22, y véase He 7.1-28).

Salmos 111 y 112

Los salmos 111 y 112 han sido llamados salmos gemelos, ya que comparten una forma única y muy característica: son (después de la exclamación «¡Aleluya!» con la que ambos comienzan) acrósticos alfabéticos perfectos, en los que 22 hemistiquios (o sea, partes de versículo), distribuidos en ocho versículos de dos partes seguidos por dos de tres, comienzan, cada uno, con una letra sucesiva del alfabeto hebreo. A primera vista, el contenido de los dos salmos parece romper la semejanza, ya que el 111, comúnmente clasificado como un himno, alaba las obras del Señor, mientras que el 112, clasificado como una bienaventuranza, felicita al «hombre que teme a

Jehová» por sus buenas obras. Dado el hecho de que el último versículo del 111 dice que «El principio de la sabiduría es el temor de Jehová, buen entendimiento tienen todos los que practican sus mandamientos» (111.10) y el primero del 112 proclama «Bienaventurado el hombre que teme a Jehová y en sus mandamientos se deleita en gran manera», no se puede descartar la posibilidad de que los dos salmos sean en realidad dos partes de una sola composición. La primera es un himno que alaba las grandes obras del Señor; y la segunda, una bienaventuranza que alaba la vida y obras del sabio que teme (o respeta) al Señor. Podemos, entonces, considerar estos salmos como un díptico que presenta escenas distintas, pero complementarias, de la gloria de Dios y de su reflejo en la piedad humana.

El Salmo 111 comienza con un voto de alabar al Señor «en la compañía y congregación de los rectos» —lo que, posiblemente, sea una referencia a la comunidad judía, quizás del exilio o después, a la que el poeta perteneció. Es de notarse la falta, en todo el salmo, de referencias al Templo, al culto del mismo o a las instituciones del reino o del sacerdocio. El ya mencionado versículo 10 nos da una indicación del trasfondo sapiencial del autor del salmo. El «temor de Jehová» y la práctica de sus mandamientos llevan, en este versículo, al «principio de la sabiduría [*jokhmah*]» y a «buen entendimiento [*sekhel tov*]» o, dados los dos significados principales de *sekhel*, «buen éxito». Esos términos son característicos de las escuelas sapienciales y aparecen, frecuentemente, en Proverbios. Las causas para alabar de Dios no se especifican en este salmo tanto como en otros himnos, quedando, más bien, como alusiones muy generales —por ejemplo, «grandes son las obras de Jehová» (2) o «ha hecho memorables todas sus maravillas» (4). Dos elementos de la «historia de salvación» de Israel se pueden identificar en el salmo: la conquista de Canaán (6) y el pacto (6, 9). Por todo esto, termina el salmo, «¡su loor permanece para siempre!» (10).

El Salmo 112 comienza con la fórmula, tradicional en los escritos sapienciales, de la bienaventuranza. La palabra '*ashrey*, «bienaventurado» comienza con 'alef, la primera letra del alfabeto hebreo y, por supuesto, del acróstico que el salmo forma. Es típico de esta fórmula especificar seguidamente las características que merecen la bienaventuranza, haciendo uso de participios verbales o de adjetivos. En este caso, son dos: *yare'* «que teme» y *jafets* «que se deleita», es decir, el que teme al Señor y se deleita en sus mandamientos —alusión clara al Salmo 111.10, como ya se ha dicho. La descripción de la vida del bienaventurado que forma el resto del salmo (con la excepción del versículo final) da una buena idea de lo que significa *sekhel tov* en el 111.10, dándole ambos significados de «buen entendimiento» y de «buen éxito». Por un lado, «es clemente, misericordioso y justo» y, por el otro, «bienes y riqueza hay en su casa». La semejanza a Job, sobre todo, en el primer capítulo de ese libro, sugiere que tanto el salmista como el autor de Job pueden haber hecho uso de una descripción típica de la vida del justo, proveniente de la tradición sapiencial. Es más, que Job 1.20-22 ilumina el significado del Salmo 112.7 de tal manera, que se puede considerar como un texto esencial para la interpretación del salmo.

Ante la justicia y generosidad del bienaventurado, y la reputación, poder e influencia resultantes (9), los impíos reaccionan con irritación, crujir de dientes y otras muestras de furia impotente: «el deseo de los impíos perecerá» (10).

Salmo 113

Los seis salmos 113 a 118 se conocen en conjunto en la tradición judía como el *Hallel*, un himno que todavía es parte de los servicios de la pascua (*pesach*), el pentecostés (*shavuot*) y los tabernáculos (*sukkot*), entre otros. Es posible que el «himno» que Jesús y los discípulos cantan después de la cena de Pascuas (Mt 26.30; Mc14.26) haya sido el *Hallel*. El salmo comienza con dos (tres, si contamos el encabezamiento «¡Aleluya!») imperativos plurales que encomiendan a los «siervos de Jehová» la alabanza del nombre de Jehová. Los versículos 2 a 4 elaboran esta idea con referencia a la extensión de la alabanza del oriente al poniente (3), y de las naciones de la tierra al cielo (4). Con las preguntas retóricas del 5 y 6, el salmo introduce acción y movimiento, ya que lo primero que dice del Señor es que se mueve a lo largo del eje vertical, «se sienta en las alturas» pero «se humilla [se baja, se hunde] a mirar en el cielo y en la tierra». Lo que sigue, en los versículos 7 a 9, es como la parte de un himno en la que se presenta la razón de alabanza. Lo que dice el salmo en estos versículos es tan similar, en contenido y hasta en vocabulario, al Cántico de Ana en 1 Samuel 2.5b y 8, que debe de haber alguna relación entre los dos poemas: tal vez, el salmo cita al cántico, que es, probablemente, más antiguo o, tal vez, hayan tenido una fuente común. Repitiendo su tema central, el salmo concluye con otro «¡Aleluya!» (10).

Salmo 114

Este, el segundo salmo del *Hallel*, es un himno que celebra los eventos del éxodo y tiene, por eso, una conexión especial con la Pascua. Los ocho versículos están organizados en hemistiquios paralelos que aluden, sin atenerse exactamente al orden cronológico de la narración tradicional, al éxodo de Egipto (1), a la conquista de Canaán (2), al cruce del Mar Rojo, al cruce del Jordán al entrar en la tierra prometida (3) y, posiblemente, a los fenómenos sísmicos asociados con la tradición del encuentro de Moisés con Dios en el Monte Sinaí. Los versículos 5 y 6 vuelven al mar y al Jordán, y a los montes y collados, para preguntarles por qué actuaron de manera desacostumbrada; y la respuesta viene en el versículo 7: «a la presencia de Jehová tiembla la tierra, a la presencia del Dios de Jacob». El salmo pudo haber terminado aquí; pero el poeta no resiste la oportunidad de añadir una referencia a otro milagro de la tradición del éxodo, la provisión de agua en el desierto cuando Moisés golpeó la roca con su cayado.

Salmo 115

El Salmo 115 puede considerarse un himno congregacional. O, en vista de las repeticiones de «Él es tu/vuestra ayuda y tu/vuestro escudo» en los versículos 9 a 11, y de «bendecirá» en los 12-13, dirigidos a Israel, a la casa de Aarón y a «los que teméis a Jehová», tal vez, podamos clasificarlo como una liturgia.

El salmo tiene un rasgo peculiar, que es la polémica contra los ídolos de las naciones con que comienza (1 a 8). Es un tema del judaísmo exílico y probablemente surgió, precisamente como lo dice el salmo, cuando los gentiles entre los que los judíos vivían los acusaban de no tener Dios por no tener imágenes. La respuesta tiene dos partes: la primera es una afirmación positiva: «¡Nuestro Dios está en los cielos, todo lo que quiso ha hecho!» (3), y la segunda es un ataque contra «los ídolos de ellos» que sigue el ejemplo de los profetas del exilio, atacando a los ídolos como productos de manos humanas que, a pesar de ser hechos de metales preciosos, carecen de los sentidos y de la capacidad de moverse que tiene cualquier ser humano.

La porción «litúrgica» del salmo ya mencionada (versículos 9 a 15) introduce una bendición con la que termina el salmo. Esta bendición se distingue por estar dirigida a tres grupos: Israel, la casa de Aarón y «los que temen a Jehová». La identidad de los dos primeros grupos está clara: se trata de la comunidad entera de Israel y de los descendientes de las familias sacerdotales. La tercera puede ser el nombre que se daba a la comunidad del salmista, aunque vale la pena observar que, al menos en tiempos más tardíos, por ejemplo, en el tiempo del Nuevo Testamento, es el nombre que se les daba a los gentiles que asistían a las sinagogas. La bendición se distingue por su universalidad. Por ejemplo, incluye «a pequeños y a grandes» (13) y caerá «sobre vosotros y sobre vuestros hijos» (14). Y, también, parece extenderse a toda la humanidad cuando dice: «los cielos son los cielos de Jehová, y ha dado la tierra a los hijos de los hombres». El último versículo presenta cierta dificultad para la interpretación. Recordando que en el mundo del salmista, morir significaba ir al *sheol,* que no era ni cielo ni infierno, sino el lugar oscuro y silencioso donde se continuaba extinguiendo la vida, y donde alabar al Señor no era posible, parece decir el salmo que bendeciremos al Señor desde ahora —mientras estamos vivos— y para siempre, pues lo seguirán bendiciendo nuestros descendientes.

Salmo 116

El salmo es un himno de acción de gracias individual, probablemente, para el uso de alguien que ha sido sanado de una enfermedad grave. Varios comentaristas han supuesto que debe haber habido la costumbre de celebrar un banquete, ya en el Templo o en un ámbito privado, para ofrecer, públicamente, gracias al Señor.

El primer versículo, si lo leemos tal como aparece en el texto hebreo, dice «¡Amo! Porque ha oído Jehová mi voz de súplica». Tal vez lo mejor sea concederle al salmista licencia poética y leerlo tal como la RVR y casi todas las otras traducciones lo hacen, «Amo a Jehová... ». La primera parte del salmo (versículos 1 a 11) habla de las razones por las cuales el salmista había invocado al Señor (4). Es una petición de ayuda en dificultades que deben de haber sido semejantes a las del Salmo 88, por ejemplo. El salmista habla como alguien cuya suplica ha sido oída y atendida: ha sido librado de la muerte (8) y puede decir con gozo: «Andaré delante de Jehová en la tierra de los vivientes» (9). Los versículos 10 y 11 presentan cierta dificultad de interpretación que parece mejor resolver traduciéndolos como: «Yo creía, aun cuando hablaba, estando afligido en gran manera, y decía en mi apuro: Todos los hombres mienten» —es decir, que su fe en Dios nunca cesó, aunque su situación difícil le llevó a dudar de la veracidad humana.

El versículo 12 marca la transición a la segunda parte, en la que el salmo se convierte en brindis y en celebración. En el versículo 4, el salmista ha dicho que invocó el nombre de Jehová en súplica, y ahora repite que invocará el nombre, pero con la «copa de la salvación» en mano, ya sea para ofrecer un brindis, o para hacer una libación, es decir, la ofrenda que se hacía derramando vino en honor de Dios. (véase Ex 29.40, 41 y otros). El versículo 15 rompe la continuidad del voto de alabanza donde se encuentra, y dos posibilidades se han sugerido: una, que el versículo sea una inserción hecha en el tiempo de los Macabeos, cuando el concepto de los mártires cobró importancia en el pensamiento judío y que puede, por lo tanto, ser omitido, y otra, que la palabra *hammawthah* «la muerte» sea una corrupción de la palabra aramea *hemanuthah,* «fe, fidelidad», en cuyo caso el versículo encaja perfectamente donde está. Por tercera vez en el salmo, el versículo 17 habla de invocar el nombre del Señor, ofreciéndole el «sacrificio de alabanza» y pagando los votos en presencia del pueblo, en los atrios del Templo en Jerusalén. El ¡Aleluya! final nos recuerda que este salmo es parte del *Hallel* (Sal 113-118).

Salmo 117

Las diecisiete palabras del salmo 117 en hebreo lo hacen el más breve del Salterio. Es un himno que llama a todas las naciones y a todos los pueblos a adorar al Señor «porque ha engrandecido sobre nosotros su misericordia [*jesed*, también "lealtad"]». Si el «nosotros» de esa frase incluye, también, a todas las naciones y pueblos, es un verdadero himno universal de alabanza.

Salmo 118

Este salmo puede clasificarse como una liturgia de acción de gracias. La forma litúrgica es antifonal y se puede ver, fácilmente, en los versículos 1 a 4, donde tres grupos o coros repiten el estribillo «porque para siempre es su misericordia». Los tres grupos son los que también se encuentran en el salmo 115, posiblemente, con funciones similares. Además de los coros, por supuesto, hay una voz principal, es decir, un cantor, al que a veces oímos dando direcciones («diga/n ahora… » tres veces en los versículos 2 a 4). Las repeticiones en que abunda el salmo son también indicaciones de su naturaleza: véanse los versículos 1 y 29; 8 y 9; 10 a 12; 15 y 16. También abunda el salmo en frases bien cinceladas y fáciles de recordar, como lo prueba el uso que ha tenido y continúa teniendo en la literatura y liturgia de la iglesia. En esta categoría, vienen a la mente, además de los ya mencionados versículos 1 y 29, el 22, el 24 y el 26.

El tema del salmo, en lo que al motivo de acción de gracias se refiere es, aparentemente, una victoria militar: véanse los versículos 10 a 14 que, aparentemente, describen el ataque de las naciones (*goyim*) como un enjambre de abejas. El estribillo «mas en el nombre de Jehová yo los destruiré» usa un verbo muy poco usado para decir «los destruiré», y puede ser un juego de palabras con otro verbo homófono, que significa «circuncidar», con posible referencia a la historia de David y los filisteos en 1 Samuel 18.17-27. En el versículo 13, se debe leer el primer verbo, con la Septuaginta y la Vulgata, como «me empujaron… ». Los versículos 19 al 27 tienen forma procesional y traen a la mente el salmo 24, por ejemplo. El cantor pide entrada en el 19, hay una pequeña liturgia de entrada cuando un coro le responde con el 20 y él contesta con el 21. Desde el 22 al 24, los plurales indican que la congregación o coro lo recibe con gozo. El cantor responde en el 25 con «Jehová, sálvanos ahora [*hoshia' na'*, es decir, ¡Hosana!]» que con el versículo siguiente, «¡Bendito el que viene en el nombre de Jehová» (26), es lo que grita la multitud al recibir a Jesús en la entrada triunfal a Jerusalén, indicando la interpretación mesiánica que se le daba al salmo en el siglo primero (Mt 21.9; Mc 11.9-10; Jn 12.13). El versículo 27 parece referirse a la preparación de un sacrificio en el altar del Templo, pero el sentido no está completamente claro. El texto hebreo dice «atad un festival (¿procesión?) con ramas hasta los cuernos del altar» y puede ser que al escribir sobre la entrada triunfal, los evangelistas hayan tenido este versículo también en mente junto con las exclamaciones del pueblo. Los dos últimos versículos son, el primero (28) un voto de alabanza a Dios; y el segundo (29), una repetición de la exhortación a la alabanza con la que comenzó el salmo, que así cierra con la figura poética llamada inclusión o marco.

Salmo 119

El salmo más largo del Salterio, el 119 es la obra maestra del acróstico alfabético. Cada letra del alfabeto hebreo comienza, no un versículo, sino cada uno de los ocho versículos que forman sus estrofas. La RVR les añade como títulos a las estrofas los nombres de las letras (Alef, Beth...). El salmo consiste, por lo tanto, de 22 octavas, con un total de 176 versículos. Con tal característica formal, no es de sorprenderse que el salmo sea un producto de la tradición sapiencial, y de que su tema central sea el estudio y la práctica de la Ley (la Torá). Además, el salmo se esmera por mencionar la Torá, usando numerosos sinónimos, en cada uno de los versículos: solamente el 122 no parece contener uno de esos sinónimos y, en ese caso, se ha sugerido que la palabra «tu siervo» (*'avdekha*) es una corrupción textual de «tus dichos» o «tus decretos» (*'imratekha*, como en el versículo 172 y otros). Si tomamos como ejemplo la primera octava, encontramos «la Ley de Jehová» (1), «testimonio» (2), «sus caminos» (3), «tus mandamientos» (4), «tus estatutos» (5), «tus mandamientos» (6), «tus justos juicios» (7) y «estatutos» (8). Como se puede ver por el ejemplo de la primera estrofa, se repiten algunos, pero cada versículo tiene su sinónimo de la Torá, lo cual es una gran demostración de virtuosismo poético que, como se ha dicho, continúa en todos los versículos del salmo. Luego, el salmo se puede clasificar como un encomio de la Torá; pero eso no es todo.

En las 22 estrofas del salmo se combinan elementos de varios de los géneros poéticos, como la petición o súplica, la queja, la alabanza y la confesión. La primera octava es única en este sentido, ya que los primeros dos versículos, que deben comenzar con la letra 'alef, empiezan con la palabra *'ashrey:* «Bienaventurados». Es decir, que el salmo comienza con una doble bienaventuranza que recae sobre «los íntegros de camino, los que andan en la Ley de Jehová» y con una especie de paralelismo de la bienaventuranza, sobre «los que guardan sus testimonios y con todo el corazón le buscan». Esta octava sirve de prólogo al salmo y, después de las bienaventuranzas, sigue una plegaria en la que el salmista se dirige directamente a Dios (4 a 8) para rogar que su propia conducta («mis caminos») sea adecuada para guardar los estatutos de Dios, lo que promete hacer si Dios no lo abandona. Después de este prólogo, el principio de la segunda estrofa declara el propósito didáctico del resto del salmo: «¿Con qué limpiará el joven su camino? ¡Con guardar tu palabra!». Según Gerstenberger, podemos decir que este salmo tan bien estructurado y tan rico en el idioma de la oración, puede haber sido recitado en el culto, formalmente como una oración, pero con la clara intención de instruir a todos, especialmente a los jóvenes, sobre las posturas correctas que tomar sobre Yahweh y su voluntad. El salmo es parte de las corrientes didácticas del culto judío temprano, y es un bello ejemplo de sus esfuerzos de orientar a los miembros hacia el Señor de toda la justicia y la abundancia articuladas en la Torá. (*Psalms, Part 2*, 316, traducción del autor).

El espíritu didáctico del salmo se pone en evidencia en la estrofa «mem» y el principio de la «nun» (versículos 97 a 105), que presentan las palabras de un estudiante ideal, del estudiante que todo buen maestro quiere tener. En primer lugar, ama la Torá (97), cuyo estudio y meditación diarios no le son una tarea engorrosa, sino su mayor gozo. En segundo lugar, puede decir que su estudio lo ha hecho más sabio que sus adversarios (98). Pero en tercer lugar, que lo ha llevado más adelante que sus maestros (RVR «enseñadores», 99) en entendimiento y hasta más que «los viejos» (100). Las palabras de Dios le son dulces, más que la miel. Pero sobre todo, dice el buen estudiante, en el versículo que tal vez sea el mejor conocido del salmo, la Torá es la guía de su vida: «Lámpara es a mis pies tu palabra y lumbrera a mi camino» (105).

Salmo 120

El salmo 120 es el primero de la serie de salmos que llevan el encabezamiento de «cántico gradual» (Salmos 120 a 134). Este título se deriva de la traducción latina de *shir hamma'alot*, en la que *shir* es «canto, cántico» pero *ma'alot* puede ser, según DBHE, «subida, escalera, escalinata, peldaños, escalones, grados (en el reloj de sol), (y con *ruaj* "espíritu") cavilaciones». Eso es, en el sentido llano. Usos metafóricos o dependientes de una u otra situación le pueden haber dado un significado que, sin más información, no podríamos imaginar.

Ya el DBHE nos da un ejemplo, al incluir «cavilaciones» entre los significados, citando Ezequiel 11.5, donde así traduce la misma frase que la RVR, también correctamente aunque con menos elegancia, traduce «las cosas que suben a vuestro espíritu». Por siglos ha sido tradicional entre los intérpretes, tanto judíos como cristianos, considerar estos salmos canciones de peregrinaje, es decir, cantos para el uso de grupos de peregrinos que «subían» a Jerusalén durante las fiestas anuales de la Pascua, el Pentecostés y Tabernáculos. Aunque es posible que haya existido alguna conexión, es difícil probarla, a pesar de que salmos como el 121 y 122 se adaptarían bien a esa hipótesis. Otra posibilidad es que estos salmos provengan del regreso de grupos de exiliados en Babilonia a Jerusalén y, en ese caso, el 126 sería un buen ejemplo. Pero el 120, entre otros salmos del grupo que llevan el título de «cántico gradual», presenta una relación menos clara al peregrinaje o al regreso del exilio, y se debe clasificar como una queja individual dentro del grupo de cánticos graduales.

La queja del Salmo 120 es la de quien se encuentra acosado por «el labio mentiroso» y «la lengua fraudulenta», probablemente como objeto de calumnias o de ataques personales. Es interesante que en el primer versículo el salmista dice que el Señor «me respondió». ¿Será que, después de algún castigo al calumniador, la calumnia continuará? Los castigos que sugieren los versículos 3 y 4 para resolver la situación («¿qué más quieres, qué más ha de hacerte, lengua mentirosa?», 3, véase la RVR) son agudos y candentes: flechas de «valiente» es decir, de guerrero profesional, flechas de combate y brasas, no de «enebro» sino de «*retamim*», palabra de la misma raíz semítica de la cual nos viene el equivalente en español, «retama». (DBHE) La retama, porque arde rápidamente y con gran calor, se usa todavía en países de la zona del Mediterráneo para calentar los hornos de panadería.

Mesec y Cedar son los nombres de tribus casi legendarias, que vivían muy alejadas la una de la otra: Mesec en las montañas del Cáucaso y Cedar en el desierto cerca de Edom. Por ello, la queja del versículo 5 debe ser, más que la descripción de una situación real, una expresión figurativa del destierro del pueblo de Israel entre pueblos belicosos y bárbaros. Por eso, dice el salmista que mora entre «los que aborrecen la paz» (6) y termina con la queja final: «Yo soy pacífico, pero ellos, apenas hablo, me hacen guerra» (7).

Salmo 121

El segundo de los cánticos graduales, el salmo 121 es, en cuanto a su clasificación por género, un salmo de confianza en Dios, como el 91 y el 131. La primera frase del salmo, «alzaré mis ojos a los montes» deja irresuelto el significado de los montes: ¿son el obstáculo que el peregrino se prepara, con cierto temor, a salvar? ¿Son la dirección de la cual puede esperar que le venga ayuda? Pero si consideramos la imagen del peregrinaje como básica en este caso, el primer significado parece ser el mejor. El peregrino se pone en marcha, y ante la difícil jornada cuesta arriba por los montes, se pregunta «¿de dónde vendrá mi socorro?». Con la confianza que respira este salmo, se responde (y al hacerlo, muestra que la pregunta es realmente ¿quién me ayudará?) «mi socorro viene de Jehová, que hizo los cielos y la tierra», como diciendo: ¡y los montes también! (2). En el versículo 3, aunque el hilo del salmo de confianza continúa sin interrupción, asegurando al peregrino que ni peligros físicos ni ataques de ninguna clase ni a ninguna hora podrán impedir que llegue a su meta, la voz cambia de la primera a la segunda persona, y el testimonio personal de confianza en el Señor se convierte en exhortación de aliento a otro. Es como si alguien que ya ha tomado ese camino difícil le dijera a otro: «yo ya subí esa cuesta difícil, pero el Señor me ayudó, y pude vencerla, y así te ayudará también a ti». Una de las claves de este salmo es el uso de formas del verbo «guardar» (*shmr*), seis de las cuales saltan a la vista (3, 4, 5, 7a, 7b, 8): el poeta quiere inspirar confianza y asegurar a su audiencia del cuidado constante de Dios.

En los últimos versículos (7 y 8), la exhortación se hace bendición, cuando el salmo declara que la vida («tu alma») del oyente caerá bajo esa protección divina en todo lo que haga («tu salida y tu entrada» es una expresión polar que significa «la totalidad de los movimientos, actividades, situaciones de la vida» [DBHE]) «desde ahora y para siempre».

Salmo 122

El «salmo del peregrinaje» por excelencia, el 122 es un sentido himno a Sión, que expresa las emociones de un peregrino al llegar a Jerusalén desde la primera palabra: «yo me alegré». En este salmo, la voz del salmista se oye siempre dentro de un grupo, desde «los que me decían» (1) hasta «mis hermanos y mis compañeros» (8), es decir, el grupo de peregrinos que, habiendo viajado juntos, han llegado a la meta. La meta, más precisamente, es el Templo: «¡a la casa de Jehová iremos!» (1). En forma casi gráfica, el salmo alude a la entrada a la ciudad fortificada (2), la primera vista de la ciudad y sus grandes obras públicas (3), y la experiencia de unirse al gran grupo («las tribus de Jah») que con el mismo propósito («para alabar el nombre de Jehová») se acercan al Templo, donde admiran, en las cortes exteriores, los lugares donde se sientan en juicio los doctores de la Ley (5). La escena que narra Lucas 2.41-50 es precisamente la que nos viene a la mente y la que sugiere el salmo.

La segunda parte del salmo (versículos 6 a 9) se dirige brevemente a la audiencia general, para exhortarnos: «pedid [orad por] la paz de Jerusalén», pero se dirige, entonces, directamente a la ciudad para bendecirla. Las repeticiones de la palabra *shalom* («paz») en los versículos 6, 7 y 8, hacen como un eco de las tres veces que aparece el nombre «Jerusalén» en el salmo (2, 3 y 6).

Salmo 123

A pesar de una imagen central basada en una situación de servidumbre o esclavitud (versículo 2), de la que debemos destilar solamente su sentimiento de dependencia absoluta en la gracia de Dios, este breve salmo gradual y queja congregacional comunica con tanta habilidad como sencillez una emoción humana universal, con la que inmediatamente nos identificamos. Con sublime ironía, el salmo declara que el menosprecio y el escarnio —¿podríamos decir la opresión y la marginalización?— que sufre el pueblo de Dios a manos de los poderosos y orgullosos que pretenden someterlo, encuentra solución, solamente, cuando la misericordia de Dios le permite a su pueblo someterse a él.

Salmo 124

Este otro salmo en la serie de cánticos graduales (el título añade «de David») es, al mismo tiempo, un ejemplo breve y elegante del salmo congregacional de acción de gracias. El salmo se desarrolla sobre la base de imágenes poéticas tradicionales que, si bien hacen imposible identificar una ocasión específica de liberación por la que el pueblo da gracias, les dan a sus palabras aplicación universal. Es el salmo de un grupo de creyentes que mira atrás en su historia y puede decir, con asombro y gratitud «De no haber estado Jehová por nosotros...» (1). Para ilustrar la gravedad del peligro del que el Señor ha salvado a Israel, el salmo habla de «hombres ['*adam*]» que, enfurecidos contra el pueblo, quisieron tragarlos vivos (2b, 3). De haber tenido éxito en sus propósitos nefastos, es decir, si se hubieran «tragado» al pueblo, Israel hubiera desaparecido, muerto o, con las imágenes que aquí usa el salmo, hubiera sido anegado e inundado por los torrentes de «aguas impetuosas» (4 y 5) —imágenes tradicionales de la muerte y el descenso al *sheol*. En este punto en el salmo, el Señor interviene, y esa intervención se retiene en la memoria del pueblo como ocasión de acción de gracias: «¡Bendito sea Jehová, que no nos dio por presa a los dientes de ellos!». Ellos, es decir, los «hombres» del versículo 2, que regresan a escena a tiempo de ser identificados como los cazadores cuya trampa (o red) rota no puede retener al pueblo que escapa «cual ave» (7).

Con la evidencia de esta historia de salvación por delante, el pueblo enfrenta los peligros y peripecias de su peregrinaje con la afirmación de confianza con la que cierra el salmo: «Nuestro socorro está en el nombre de Jehová, que hizo el cielo y la tierra» (8).

Salmo 125

El salmo 125 es otro de los cánticos graduales y, además, podemos clasificarlo como un salmo de confianza. La primera palabra del salmo es «los que confían», es decir «en Jehová») y así (además de justos, buenos y rectos de corazón) se señala el grupo o congregación con la que el salmista se identifica, y que el salmo distingue de «los que se apartan tras… perversidades» y «los que hacen maldad» (5), Es decir, que como otros salmos, el 125 divide al pueblo en dos grupos opuestos que, en este caso, podríamos llamar fieles y apóstatas. Los fieles, es decir, los que confían en el Señor, permanecen firmes, dice el versículo 1, como el Monte Sión, que no se mueve. Además, el poeta toma esa imagen del versículo 1 como punto de partida para la analogía del 2, que expresa la confianza que el salmo canta: «Como Jerusalén tiene montes alrededor de ella, así Jehová está alrededor de su pueblo». El versículo 3 introduce la raíz del problema: lo que la RVR llama «la vara de la impiedad», que mejor sería traducir «el cetro impío», es decir, un poder extranjero que se ha impuesto sobre «la heredad de los justos», y que el salmo confía no va a durar, «no sea que extiendan los justos sus manos a la maldad». Es por eso que el salmista ruega al Señor que haga bien a los buenos, pero que a «los que se apartan tras sus perversidades», es decir, a los apóstatas, que se los lleve junto con «los que hacen maldad». No es necesario identificar, ni tampoco existe evidencia para hacerlo, al «cetro impío» ni a la situación histórica a la que puede aludir el salmo. Algunos, de todos modos, han sugerido a Antíoco IV, Epífanes, el rey Seleúcida que precipitó la revuelta de los Macabeos.

Siendo éste un salmo de confianza, termina, confiadamente, con una bendición: «¡La paz sea sobre Israel!» (5).

Salmo 126

El Salmo 126, uno de los cánticos graduales, aunque breve, parece ser una obra compuesta de dos partes que, a pesar de que la composición es grata y tiene sentido, son completamente distintas (versículos 1-4 y 5-6). La primera nace de la memoria de las «grandes cosas» que el Señor ha hecho por Sión —casi seguramente la referencia histórica es al primer regreso de exiliados de Babilonia en tiempos de Nehemías— y le da énfasis a la alegría que llenó al pueblo: «entonces nuestra boca se llenó de risa, y nuestra lengua de alabanza», hasta el punto de que los gentiles mismos se admiraron. Sobre esta base de memoria grata, y de la confianza en el Señor que inspira, el salmista erige la petición que termina la primera parte: «¡Haz volver nuestra cautividad, Jehová, como los arroyos del Neguev!». La súplica (que también se puede traducir «haz cambiar nuestra suerte») indica que Sión todavía necesita y ansía la intervención divina. Los «arroyos del Neguev» son cauces en el desierto, secos la mayor parte del año, donde fluyen torrentes, de vez en cuando.

La segunda parte nos lleva del desierto a la tierra de sembradío, con una imagen en la que el llanto alterna con el regocijo, la siembra con la siega. El campesino llora, sabiendo que tiene que arriesgar «la preciosa semilla» lo que, posiblemente, tenga resultados desastrosos, pero vuelve «con regocijo, trayendo sus gavillas». El carácter casi proverbial de esta imagen lleva a algunos a considerarla de origen tradicional o sapiencial, y en el contexto del salmo puede verse como referencia a la dispersión de la «semilla» (los que salieron al exilio) y al regreso, tal vez como peregrinos, de sus descendientes en la diáspora.

Salmo 127

Este salmo y el siguiente, ambos parte de la serie de cánticos graduales, son sin duda salmos sapienciales. El 127 lleva, también, la frase «para Salomón» en el título, tal vez porque algún editor tardío quiso identificar la «casa» del versículo 1 con el Templo, o por la asociación tradicional de Salomón con la sabiduría. El salmo se refiere a «casa» en el sentido de «familia», aunque el par de proverbios paralelos del versículo 1, que significan «sin la colaboración de Dios en algo, los esfuerzos humanos son en vano» o algo parecido, se pueden aplicar a una multitud de situaciones. El versículo 3 presenta el mismo pensamiento en forma variante, que se puede parafrasear: ¿para qué os sirve levantaros de madrugada y acostaros tarde, y comer mal y con fatigas, si Dios les concede todo a sus «amados» mientras duermen?

La mayor de las bendiciones que dependen de la benevolencia de Dios, más que del esfuerzo humano, es la de tener muchos hijos. El salmo refleja la escala de valores de una sociedad agraria del mundo antiguo del Mediterráneo, cuando se pronuncia a favor de tener muchos hijos en la juventud, para aumentar el poder y la influencia de la familia en la sociedad. El que tiene muchos hijos que puedan respaldarlo mientras todavía está en la vida activa, es como un guerrero bien armado, con un carcaj lleno de flechas, listo a hacerle frente a su adversario en los litigios que se llevaban a cabo a la puerta de la ciudad. El salmo, que ya ha dicho que los hijos son «herencia de Jehová», termina, de acuerdo con su carácter sapiencial, poniendo esta idea en forma de bienaventuranza (versículo 5).

Salmo 128

El salmo 128 complementa al 127. Como el anterior, es un salmo sapiencial que tiene como tema la bendición del Señor tal como se expresa en la vida familiar. Pero si el 127 tuvo como imagen central la familia como defensa en el conflicto social —los hijos como flechas en el carcaj— en el 128, el enfoque es en la familia como fuente de vida y sustento. Como el 127 nos lleva a la puerta de la ciudad para mostrarnos el efecto de la bendición en la vida del fiel, el 128 nos lleva a la mesa familiar para hacer lo mismo.

El salmo comienza con una bienaventuranza, forma sapiencial típica que siempre identifica la conducta o práctica que se felicita. En este caso, el que recibe las felicitaciones es «todo aquel que teme a Jehová, que anda en sus caminos». Entonces, y sin perder tiempo, el salmo introduce la escena familiar «cuando comieres del trabajo de tus manos, bienaventurado serás y te irá bien». Ya que el contexto del salmo es una sociedad agrícola, comer del trabajo de las propias manos no es necesariamente una metáfora: se sientan a una mesa donde lo que han sembrado y cosechado se les ofrece como alimento. El versículo 3 usa dos símiles derivados de la agricultura para describir a la familia del bienaventurado: su mujer, «como vid que lleva fruto a los lados [mejor, "en el fondo"] de tu casa», y los hijos «como plantas [mejor, "vástagos"] de olivo alrededor de tu mesa». No podemos ignorar tampoco la estructura patriarcal de la familia, en la que la mujer se menciona, solamente, en el papel de madre fértil (léase el 128.3 a la luz del 127.3b). Esto presenta problemas para nuestra interpretación y uso del salmo en un contexto social y teológico muy distinto, en el que la igualdad social y ante Dios de los géneros tiene que ser la norma. El salmo añade una bendición final a las «del hombre que teme a Jehová» en los versículos 5 y 6. La bendición toca a Jerusalén tanto como al bendecido, ya que le desea una larga vida en la que verá sus nietos y durante la cual también verá «el bien de Jerusalén», y termina con la exclamación «¡La paz sea sobre Israel!».

Salmo 129

En este salmo, como en el 124, que es muy semejante, la voz que oímos es la de «Israel» personificado en la congregación que canta sus palabras (véanse el 124.1 y el 129.1). La traducción de *tseraruni* como «me han angustiado», en los versículos 1 y 2 en la RVR, no tiene la fuerza de «me han hecho guerra» o «me han hostilizado», que es lo que sugiere DBHE. Es decir, que Israel recuerda los ataques que ha sufrido a manos de «los que aborrecen a Sión» (5), pero puede decir con plena confianza que «no prevalecieron contra mí» (2). La imagen que usa el salmista en los versículos 3 y 4, ambigua pero efectiva, se refiere a lo mucho que ha sufrido «Israel» a manos de esos enemigos. ¿Qué significa en este contexto «arar»? Puede ser una imagen de Israel esclavo, uncido al arado como una bestia (y véase la referencia a «las coyundas de los impíos» en el versículo 4). O puede ser una referencia a una escena de tortura, en la cual los mismos «impíos» le surcan la espalda a «Israel» a latigazos, o con las mismas cuerdas o correas que forman las «coyundas» ya mentadas. Por supuesto, la ambigüedad puede ser deliberada por parte del poeta, que quiere sugerir ambas posibilidades. Aunque la escena es horrible, es el lugar idóneo para la aparición del Señor como el Dios liberador, que viene a cortar las cuerdas que aprisionan y torturan a su pueblo, en nombre de su justicia: «¡Jehová es justo, cortó las coyundas de los impíos!» (4).

Después de la intervención divina, el salmo cambia. En los versículos 5 a 8, se vuelve imprecación contra los enemigos de Sión: que sean «avergonzados y vueltos atrás», es decir, derrotados por completo. Una vívida imagen ilustra lo que el salmista les desea: que sean como la hierba que nace en los tejados de las casas, condenada a secarse sin llegar a crecer, y así quedar a la vista de todos, inútil y raquítica, sin que nadie quiera ni segarla ni engavillarla. La tercera parte de la imprecación, y el final del salmo, es un deseo negativo: que los que pasen y vean a los impíos así afligidos, les nieguen la bendición «en el nombre de Jehová».

Salmo 130

El salmo 130, otro de los cánticos graduales, es una súplica individual, pero con rasgos de salmo congregacional de confianza. El Salterio tiene ejemplos abundantes del uso de imágenes del abismo, del fondo de las aguas, del *sheol* y muchas otras similares para simbolizar el peligro mortal y la situación pésima. Con una palabra (*mimma'amaqquim*, «de lo profundo»), el salmista resume todas esas imágenes y las concentra para situarse ante el lector y ante Dios, como el sufriente por excelencia. Este toque maestro de simplificación poética es parte de una estrategia que contribuye a hacer de este salmo posexílico, un himno penitencial de uso universal: «De lo profundo, Jehová, a ti clamo». Si la doble petición de audiencia del versículo 2 es tradicional, el 3 introduce algo nuevo, por lo menos, si lo comparamos con muchos otros salmos de súplica. No hay aquí nada de enemigos o adversarios, ni de pedirle al Señor que castigue a los impíos y vindique al salmista inocente. El salmista confía completamente en el perdón del Señor: «Jah, si miras los pecados, ¿quién, Señor, podrá mantenerse? Pero en ti hay perdón… ». En el 4, el salmista pone en claro su razón para reverenciar al Señor. Sin mencionar la creación, o la liberación del pueblo, o las grandes maravillas de Dios entre las naciones, el salmo da una razón más sencilla y personal: «en ti hay perdón». Los versículos 5 y 6, el centro de gravedad del salmo, cubren el campo semántico de «esperar» con palabras derivadas de tres raíces hebreas: *qwh*, «esperar, confiar, aguardar, acechar», *yjl*, «estar a la expectativa, contar con» y *shmr*, «vigilar, guardar, observar». La estructura de estos versículos, con sus repeticiones que establecen un ritmo como de latidos, comunica efectivamente la interioridad de un espíritu que depende, absolutamente, de la misericordia y el perdón del Señor. Finalmente, en los dos últimos versículos, el salmista le ofrece a la congregación lo que él ha recibido: «Espere [*yajel*] Israel a Jehová» y recibirá los mismos beneficios de misericordia y perdón… ». «Él redimirá a Israel de todos sus pecados» (8).

Salmo 131

El 131 es otro de los cánticos graduales que se atribuyen a David en el título, y es una breve afirmación de confianza individual, con una exhortación a la congregación al final. El salmista le declara al Señor que ha tranquilizado la actividad de su mente (RVR «corazón»), es decir, sus pensamientos; de sus ojos, es decir, sus percepciones o tal vez deseos; y de su conducta y actividades (1). En el versículo que sigue, ilustra su estado interior con la imagen de su alma como un párvulo (*gamul* significa «destetado» pero, en este caso, no parece necesario usar el término literal) al que su madre calma y sosiega. Si leemos la imagen del versículo 2 con precisión, vemos que no es Dios el que calma el alma del salmista directamente, sino que el salmista dice «he aquietado mi alma como un párvulo con su madre, mi alma está conmigo como un párvulo», es decir, que en esta hermosa imagen el (¿o la?) salmista toma el papel de una madre que calma en su regazo a un párvulo revoltoso. Tal vez el estado interior de ese parvulito, quieto al fin, sea lo que

Jesús tuvo en mente cuando dijo que «el que no reciba el reino de Dios como un niño, no entrará en él» (Mc 10.15). Así se explica también que el salmista recomiende a la congregación que «espere» (*yajel*) al Señor: ¿no es el salmo una descripción de lo que significa, en este caso, esperar?

Salmo 132

El Salmo 132 tiene como tema la tradición de las promesas dinásticas a David, y la elección de Sión como el lugar de reposo del Arca del Señor. Es parte de la serie de cánticos graduales y, dado su contenido, Gerstenberger lo llama un «Salmo de Sión, un Himno Mesiánico» (*Psalms, Part 2*, 363). Esto no quiere decir que el salmo, tal como lo tenemos hoy, haya sido compuesto en el tiempo antes del exilio, cuando la dinastía de David todavía reinaba en Jerusalén. Puede ser que el salmo 132 se base en materiales poéticos muy antiguos, tal vez, provenientes del tiempo de David, pero en su forma final es más posible que sea de origen posexílico. Además, tiene ciertas afinidades con los libros de Crónicas —por ejemplo, los versículos 8-10 son casi idénticos a 2 Cr 6.41-42— aunque eso puede, simplemente, sugerir que el autor de Crónicas lo usó como fuente. Si es posexílico, la intención del salmo al recordarle al Señor las promesas de trono y Templo, tiene que ver, precisamente, con las esperanzas de la restauración de ambos que ya van desarrollándose en esos tiempos.

Los primeros diez versículos se dirigen al Señor, y además de *YHWH*, usan un nombre que solamente aparece, y eso muy pocas veces, en la literatura poética y profética: *'abhir ya'aqov*, «el Fuerte de Jacob» de la RVR (versículos 2 y 5). «Fuerte» es demasiado general y sería mejor traducir «campeón» o «paladín», términos que sugiere el DBHE y que capturan mejor el cariz militar de la imagen: el Señor es el guerrero divino que defiende a Jacob/ Israel. El trasfondo del salmo es la historia de cómo trajo David el Arca a Jerusalén y, en esta primera parte, hay alusiones a las versiones narrativas que se encuentran en 1 Samuel 6 y en 1 Crónicas 13 y 15. Una de estas alusiones necesita clarificarse: en el versículo 6, la RVR traduce «los campos del bosque». La traducción es correcta, en sentido literal, pero oculta el hecho que *jaar*, «bosque», es un nombre propio en este caso, y que se refiere a Qiriat-jearim, donde el arca fue a dar después de sus andanzas por la tierra de los filisteos (1 S 6.21-7.1). El 8 es el versículo clave de la primera parte. Parece combinar elementos de los gritos de batalla con los que, según Números 10.35-36, el arca salía de camino y se retiraba al fin de la jornada: «Levántate, Jehová, al lugar de tu reposo, tú y el Arca de tu poder». En un contexto posexílico, este versículo puede llevar un poderoso mensaje a favor de la reconstrucción del Templo.

La segunda parte del salmo (versículos 11-18) se basa en la tradición del pacto dinástico que el Señor establece con David, según 2 Samuel 7 y 1 Crónicas 17. En ambas versiones de la tradición, la promesa del establecimiento de la dinastía o «casa» de David está ligada a la promesa de un lugar donde el pueblo pueda morar en paz: «yo fijaré un lugar para mi pueblo Israel y lo plantaré allí, para que habite en él y nunca más sea removido... » (1 S 7.10, véase 1 Cr 17.9). Para el autor del salmo 132, «Jehová ha elegido a Sión; la quiso por morada suya» y, en el final del salmo, repite las promesas de morar allí entre su pueblo, en «el lugar de mi reposo», un templo con sacerdotes vestidos de salvación (y de justicia, véase el 9) y dónde los «santos» darán voces de júbilo, donde el pueblo —¡hasta los pobres!— se saciarán de pan y, finalmente, dónde se renovará la dinastía de David. El versículo 17 es una promesa mesiánica clara: «Allí [en Sión] haré retoñar el poder [literalmente, "el cuerno"] de David; he dispuesto lámpara para mi ungido [*limshiji*, "para mi mesías"]. Sus adversarios serán derrotados y avergonzados, es decir, vestidos de bochorno [mejor que «de confusión»], pero su corona «florecerá». Las imágenes que usa el salmo, sobre todo en esta segunda parte, tienen mucho en común con las que usa Zacarías (véase el capítulo 3 de ese libro), y pertenecen a un vocabulario de imágenes que debe haber sido parte del pensar religioso judío en el período posexílico temprano.

Salmo 133

Este breve salmo, el penúltimo de los cantos graduales, tiene un carácter sapiencial —y, como muchos textos sapienciales, se dedica a alabar y recomendar un tipo de conducta o de situación humana por sus beneficios intrínsecos: «¡Mirad cuán bueno y cuán delicioso es que habiten los hermanos juntos en armonía!». A pesar de que el Antiguo Testamento presenta ejemplos de esa verdad —y entre esos, los ejemplos negativos— no se trata de una verdad revelada, sino de una observación antropológica de la vida humana en familia y en sociedad. Con el versículo 1, el salmo enuncia lo que quiere decir: que los grupos humanos que mantienen vínculos fuertes de unión fraternal derivan satisfacción y placer de ellos. El uso de ese primer versículo como la letra de una bien conocida canción folclórica israelí (*Hinneh mahtov...*) no nos sorprende. El salmo continúa con dos imágenes de cosas buenas y deliciosas con las que comparar la armonía fraternal: la primera (versículo 2), la compara al óleo perfumado y consagrado que se usaba para ungir al sumo sacerdote. No parece tener profundidades teológicas la imagen; se trata, simplemente, del perfume más extraordinario que había, cuyo uso les estaba prohibido a todos menos al sumo sacerdote. La imagen es del sacerdote con cabeza y barba empapadas de óleo perfumado, imagen que en el oriente antiguo simbolizaba el honor, la bienvenida y la delicia. La segunda imagen, aunque aparentemente más sencilla, es más difícil de explicar. Hermón, el Antilíbano, son montañas al norte de Israel, tan altas que algunas tienen nieve perpetua. No está claro cómo el rocío de Hermón puede caer en Sión —de no ser que la última línea del salmo quiera decir que «allí», es decir a Sión, es donde el Señor lo manda, tal vez, para producir una «bendición» de frescura en el calor del verano en Judá.

Salmo 134

Con este salmo termina la serie de cánticos graduales. Corto como es, es una liturgia en miniatura, en la que el oficiante exhorta a la congregación —¿Levitas que ejercen sus funciones de noche? ¿Peregrinos o suplicantes que pasan la noche en las cortes del Templo?— a bendecir al Señor: «Alzad vuestras manos al santuario y bendecid a Jehová». La respuesta congregacional le devuelve al cantor la bendición: «¡Desde Sión te bendiga Jehová, el cual ha hecho los cielos y la tierra!». Tal vez, con esa alternación de bendiciones terminaba el peregrinaje.

Salmo 135

El Salmo 132 es un himno de alabanza, marcado en el principio y en el fin con la exhortación «¡Alabad!», ya en la forma más frecuente «¡Aleluya!» (versículos 3, 21 y en el título) o en formas variantes, como en el versículo 1: «¡Alabad el nombre de Jehová! Alabadlo, siervos de Jehová». Otra serie de exhortaciones, éstas a «bendecir» al Señor, cierra el salmo (versículos 19 a 21). Este contenido, la forma litúrgica del salmo, y las razones por las cuales alabar al Señor que presenta, confirman su clasificación como un himno. La polémica contra los ídolos que también incluye (versículos 15 a 18) rompe las pautas tradicionales del himno, y marca el salmo como de origen posexílico y, si el versículo 2 se puede tomar como un dato histórico, del tiempo del Segundo Templo. La lista de razones para la alabanza que presenta el salmo es convencional, e incluye la bondad del Señor (3), su elección de Israel (4), el hecho de que es «mayor que todos los dioses» (5), su poder que le permite hacer todo lo que quiere en los cielos y en la tierra (6 y 7, donde este poder parece un poder sobre la creación, cuyos ejemplos concretos tienen que ver con fenómenos meteorológicos, más bien que las antiguas ideas de la creación como un combate contra el mar, etc., que aparecen en otros himnos) y, más extensamente, escenas de las tradiciones del éxodo y de la conquista de Canaán (8 a 12). Entre los versículos 13 y 14, que le imputan eternidad al nombre de Jehová, y la pequeña liturgia con la que termina el salmo (19 a 21, véase también Sal 115.9-13), el 135 inserta una polémica contra los ídolos que parece ser derivada, en forma un tanto disminuida, del salmo 115.4-8. Es aquí que los grupos diversos que tenían parte en los servicios del Templo (Israel, los sacerdotes, los levitas y «los que teméis a Jehová» [véase el comentario al Salmo 115]) son exhortados a bendecir al Señor: «Desde Sión sea bendecido Jehová, que mora en Jerusalén. ¡Aleluya!» (21).

Salmo 136

El 136 es único entre los salmos porque es una letanía, es decir, una composición en la que la primera línea de cada versículo recibe una respuesta antifonal, en este caso, *ki le'olam jasdo*, «porque para siempre es su misericordia». El único paralelo exacto, que usa la misma respuesta antifonal con versículos distintos, se encuentra entre los libros apócrifos, en el texto hebreo de Eclesiástico 51. Esto no es decir que el 136 fue el único salmo al que se le daba esta presentación litúrgica, pues es posible que otros, en los que aparece una o dos veces algún estribillo, hayan simplemente omitido poner todas las repeticiones en forma escrita. Este salmo, sin embargo, nos permite estar seguros de que se cantaba en esa forma de «llamada y respuesta» que es una forma de alabanza congregacional muy efectiva y satisfactoria, ya que el verbo del que se deriva *hodu*, que la RVR traduce «alabad» en los versículos 1, 2.3 y 26, significa «dar gracias» debemos traducir ese imperativo plural como «¡dad gracias!», y así queda más claro el género literario del salmo: es una letanía de acción de gracias. El pueblo —o el coro— expresa su acción de gracias al repetir *ki le'olam jasdo*, y debemos tener en mente que *jesed* tiene el doble significado de «misericordia» y de «lealtad» o «solidaridad».

Como el 135, el salmo 136 sigue un patrón tradicional para enumerar las cualidades y acciones por las que alabar (135) o dar gracias (136) a Dios. Esto no quiere decir que los dos salmos estén relacionados —el 136 es de una calidad poética más elevada— sino sencillamente que ese patrón ya se acostumbraba. En el 136, se dan primero ciertas cualidades de Dios: es bueno (1), es Dios de dioses (2), y Señor de señores (3), es decir, superior a todos los dioses o señores. Los títulos de esta forma son típicos del período persa (véase, por ejemplo, el título de Artajerjes en Esd 7.12). En los versículos 4 a 9, el salmo pone en lista las «grandes maravillas» de la creación, y alude a varios de los elementos de la creación en Génesis 1, pero con variaciones significativas en el lenguaje (compárese, por ejemplo, Gn 1.16 con Sal 136.7-9). En los versículos 10 a 16, el tema de la lista es el éxodo; y en los 17 a 22, la conquista de Canaán. En el 23 y 24, el tema parece ser el fin del destierro y el 25 presenta a Dios como proveedor de las necesidades de todo ser viviente. El último versículo nos presenta otro título divino, «el Dios de los cielos», que es también característico del período persa (véase, por ejemplo, el título que Artajerjes le da a Esdras en Esd 7.12). «¡Dad gracias al Dios del cielo, porque su leal misericordia dura para siempre!».

Salmo 137

Se acostumbra clasificar este salmo como un lamento congregacional, pero es una composición tan original que, tal vez, sería mejor ponerlo en una categoría aparte. El salmo se proclama posexílico desde el primer versículo, donde la cautividad en Babilonia se coloca en el pasado; y la escena melancólica con la que comienza el poema, en la memoria. El versículo 2 presenta un reto al intérprete: ¿qué significa colgar las cítaras (que es lo que significa *kinnor*, y no «arpa») en los sauces, «junto a los ríos de Babilonia»? Dado el hecho de que el poeta nos dice que estuvo sentado, es decir, en el suelo, y llorando, la actitud característica del duelo y, sobre todo, dado el sentimiento que expresa el versículo 4, no parece posible que colgar instrumentos de cuerda de un árbol junto a un río o canal tenga nada que ver con tocar ese instrumento. El propósito parece ser abandonar las cítaras, y hacerlo en condiciones en las que pronto perderán su valor como instrumentos de música. Para los músicos cautivos, debe haber sido muy amargo que los babilonios les pidieran, no solamente que les cantaran cantos alegres, sino «algunos de los cánticos de Sión». Esto es, por supuesto, el mensaje del salmo: «¿Cómo cantaremos un cántico de Jehová en tierra de extraños?». Para el salmista, Jerusalén es el lugar único, sin excepción, donde esos cánticos pueden cantarse. Los versículos 5 y 6 son un terrible juramento, una imprecación contra sí mismo en la que el músico desterrado jura que si no se acuerda de Jerusalén, si no la pone por encima de toda otra alegría, pierda su capacidad de tocar y cantar, es decir, de hacer la música a la que ha dedicado su vida.

Hasta este punto —el versículo 6— el salmo es una bella obra poética, aunque sea de una belleza triste y melancólica, una meditación sobre el dolor de la pérdida y el destierro de la ciudad madre. Pero en los versículos 7 a 9 el salmo nos presenta un problema: la poesía se vuelve amarga y vengativa, hasta que en los versículos 8 y 9 nos ofrece dos «bienaventuranzas» que parecen ser caricaturas malignas de la venerable fórmula sapiencial. Alonso Schökel ha sugerido que toda esta sección del salmo (7 a 9) es la respuesta a la cruel demanda del versículo 3. Después de maldecir a los edomitas, nación vecina que colaboró con los babilonios en la destrucción de Jerusalén, el salmista se vuelve a Babilonia misma —«Hija de Babilonia» significa la ciudad capital, Babel, y «la desolada» fue originalmente «la desoladora»— y le canta una versión sarcástica de uno de los cánticos de Sión por excelencia, las bienaventuranzas con las que se expresaba la bendición divina sobre alguien cuyas acciones estaban de acuerdo con la Torá. En este caso, el «bienaventurado» o «dichoso» (es la misma palabra, *ashrey*, ambas veces) será el que lleve a cabo una venganza implacable sobre Babilonia: «el que te dé el pago de lo que nos hiciste» y, en palabras terribles, «el que tome tus niños y los estrelle contra la peña». ¿Qué podemos decir ante esa explosión de dolor amargo? Solamente lo que Pablo llamó «un camino aun más excelente» (1 Co 12.31) nos podrá llevar a la respuesta.

Salmo 138

El 138 es un salmo individual de acción de gracias, bastante convencional en su contenido, y probablemente de origen exílico tardío o posexílico. Tiene un breve encabezamiento, «de David». En la primera estrofa (1 a 3), el salmista promete alabar al Señor «de todo corazón», e inmediatamente dice que «delante de los dioses te cantaré salmos». Si el salmo fue compuesto durante el exilio en Babilonia, se explica la referencia como una promesa de fidelidad monoteísta ante el culto de los dioses del panteón babilónico. El versículo 2 se refiere a la costumbre de postrarse en oración en la dirección de Jerusalén, luego no implica que el salmista esté en esa ciudad. Las razones de alabanza comienzan en la segunda parte del versículo 2, con una fórmula que aparece frecuentemente, «tu misericordia y tu fidelidad», y continúa con frases convencionales en el 3.

La segunda estrofa, sin hacer mención de Israel, va desde el individuo que promete alabar al Señor en la primera, a «todos los reyes de la tierra», los que lo alabarán «porque han oído los dichos de tu boca». Es difícil establecer una conexión histórica que establezca el contexto de esta frase y del resto de los versículos 4 a 6. Lo que sí parece ofrecer una pista es la existencia de narraciones judías —Daniel 4, por ejemplo— en las cuales se le hace a un rey pagano confesar la grandeza del Dios de Israel (véase Dn 4.34-37).

En los versículos 7 y 8, el salmo termina con una declaración de confianza y una súplica de apoyo divino.

Salmo 139

El salmo 139 se presenta en el encabezamiento como uno de los «salmos de David», aunque en realidad es un salmo posexílico. En cuanto a género, tal vez sea mejor llamarlo una meditación sapiencial, aunque también tiene elementos que llevan a algunos a clasificarlo como una queja individual. La variedad de opiniones sobre el género al que pertenece reconoce el hecho de que es uno de los salmos más hermosos del Salterio y que despliega los dones de un poeta dotado de originalidad y gracia. Como en el salmo 137, también una joya poética, el final de este salmo (versículos 19 a 24), opaca un poco el brillo de la prenda, al menos, para nosotros.

El estilo de esta meditación, en la que el salmista se dirige directamente al Señor, le será familiar a quien haya leído las *Confesiones* de San Agustín. Técnicamente, ya que un ser humano le habla a Dios, son oraciones, pero en realidad tienen mucho más de meditaciones sobre la relación entre Dios y el ser humano, y sobre la interioridad humana, que de otra cosa. El salmo tiene cuatro secciones bien delineadas. La primera (versículos 1 a 6) sirve de invocación («Jehová»), pero con un toque de ironía: ¿qué significa invocar a un Dios que conoce al ser humano tan perfectamente que «aún no está la palabra en mi lengua y ya tú, Jehová, la sabes toda»? (4). En el versículo 5, el poeta nos deja ver un indicio de que el conocimiento que el Señor tiene del humano es casi sofocante y, al fin de la sección, en el versículo 6, se da por vencido: «tal conocimiento es demasiado maravilloso para mí; ¡alto es, no lo puedo comprender!».

La segunda sección (versículos 7 a 12), en la que se encuentra la poesía más bella del salmo, confiesa la imposibilidad de evadir la presencia de Dios en el universo entero, o de poderse esconder de Dios en la oscuridad. Por supuesto que la respuesta a las dos preguntas retóricas del 7 es: «a ningún lugar», como lo demuestran las proposiciones hipotéticas del 8 al 10. Nadie puede subir al cielo, o bajar al seol, o volar hasta el extremo del mar; pero si pudiera, de nada le valdría para escapar de Dios.

La tercera sección (versículos 13 a 18) lleva el argumento a un nuevo nivel: Dios conoce al ser humano desde el proceso de su formación y aun antes, pues Dios tiene escritas en su libro «todas las cosas que fueron luego formadas»; es decir, Dios es como un ingeniero, que supervisa la construcción del ser humano de acuerdo con los planos que él mismo trazó. Y los pensamientos de Dios son tan imposibles de contar como la arena y, aunque preciosos, son incomprensibles para la mente humana.

En la cuarta sección (versículos 19 a 24) el salmista se vuelve fiscal, y le pide a Dios la pena de muerte para los «impíos» o los «hombres sanguinarios» que blasfeman y toman el nombre de Dios en vano. Al mismo tiempo, proclama que él los odia y los tiene por enemigos. Después de la bella introspección del salmo, esta explosión de hostilidad es bastante chocante. Por supuesto que no sabemos ni quiénes eran ni qué hacían estos «enemigos de Dios», pero el deseo del salmista de demostrarle al Señor que los odia «por completo» introduce una nota muy disonante, cuando pensamos en casos históricos en los que los mismos sentimientos han sido aducidos para mandar blasfemos, brujas, herejes y otros tachados de enemigos de Dios al cadalso o a la hoguera. La mejor esperanza está en que, de veras, se cumpla lo que pide el salmista para terminar el salmo en los versículos 23 y 24.

Salmo 140

Este salmo, otro de los que llevan el título «Salmo de David», es una queja individual muy tradicional y estereotipada, con poco que se pueda llamar original, o que resalte por su poder poético. No tenemos una definición precisa del «hombre malo» o de los «hombres violentos» del versículo 1, contra los cuales el salmo pide a Dios protección, y podemos suponer, que, en cierto sentido, es un salmo «genérico», que se puede haber usado en ocasiones múltiples y con propósitos diferentes para rogar la ayuda de Dios a favor de alguien que sufre persecución, oposición, calumnia o ataques traicioneros. El salmo no aduce razones por las cuales el Señor debe proteger al suplicante (lo más próximo que llega a eso es cuando, en el versículo 6, le dice al Señor «Dios mío eres tú»).

En todo caso, el sentimiento con el que cierra el salmo «Yo sé que Jehová tomará a su cargo la causa del afligido y el derecho de los necesitados» nos da la oportunidad de identificar los enemigos que amenazan hoy al pueblo de Dios: tal vez la pobreza sistémica, los abusos del poder político, el racismo, etc., y saber que el Señor está a cargo de guiar a su pueblo a la victoria liberadora sobre esos enemigos.

Salmo 141

El Salmo 141 es una queja o súplica individual y el tema está claro: el salmo nos da un ejemplo de lo que quiere decir «no nos dejes caer en tentación». Como muchos de los salmos de este género, el 141 habla de un grupo de «impíos» cuyas trampas seductoras el salmista quiere evadir. Si supiéramos más sobre la situación en la que este salmo fue compuesto, tal vez podríamos identificar a ese grupo y, por supuesto, al del salmista también; pero no podemos hacer más que suponer que el salmo tiene raíces en la situación de la comunidad judía posexílica, cuando se estaban desarrollando tendencias sectarias. Además de ese problema general para la interpretación, este salmo padece de un caso grave de corrupción textual, que, por ejemplo, hace que el texto hebreo de los versículos 6 y 7 sea incomprensible sin enmiendas.

En la invocación (versículos 1 y 2), el salmo compara la oración al sacrificio, y el sentido del versículo 2 se puede clarificar un poco, sin tener, en este caso, que enmendar el texto, así: «Que mi oración sea permanente delante de ti como el incienso; el alzar de mis manos como la ofrenda de la tarde». El salmista pide que su conexión con el Señor sea continua y perdurable.

Los versículos que siguen, (3 y 4), sugieren que la tentación tiene que ver con el habla, con decir o no decir algo, y la conexión que el versículo 2 implica entre boca o labios y mente («corazón») apoya esta interpretación. Rashi, el comentarista judío medieval, conecta el versículo 3 con la «oración» del versículo 2, y opina que el salmista pide que el Señor le ponga guarda a su boca para que su oración consista en palabras puras, que sean un medio de reconciliación (Mayer I. Gruber, ed., *Rashi's Commentary on Psalms*, JPS, Filadelfia, 2007, 742). En el versículo 4, la frase «y no coma yo de sus deleites [o "manjares"]» puede ser una metáfora o no, dependiendo de si se trata de no aceptar ideas u opiniones seductoras, o de asistir a fiestas o banquetes de «los que hacen iniquidad».

En el versículo 5, el salmista acepta la disciplina saludable de su grupo, que representa con «el justo», pues reprensión y castigo le serán un favor; y rechaza, por contraste, el «bálsamo de los impíos», es decir, el agasajo que le ofrecen. Como ya se ha dicho, los versículos que siguen presentan problemas textuales serios. El sentido general que se puede derivar de ellos es que algunos líderes de la otra secta («sus jueces») han sufrido un desastre —que puede ser, literalmente, haber sido despeñados (¿ejecutados?) o, tal vez, derrotados en algún debate— y sus huesos (muchos sugieren enmendar el texto que, en este lugar, dice, como la RVR, «nuestros huesos»), ya sean literales o metafóricos, han quedado esparcidos «a la boca del seol» (7).

La plegaria termina (versículos 8 a 10) con una súplica final al Señor, en la que el salmista reitera su confianza en Dios y su petición de auxilio para evitar los lazos y trampas que le acechan y, como es común en estos salmos, que el Señor permita que los impíos caigan en sus propias trampas, «mientras yo paso adelante».

Salmo 142

El Salmo 142 lleva un encabezamiento que intenta conectarlo con la vida de David, específicamente con ocasiones en las que, huyendo de Saúl, tomó refugio en la cueva de Adulam (1 S 22.1) o en la de En-gadi (1 S 24.1-3). Por supuesto, que el salmo no proviene de David, sino que es una queja o súplica individual, posiblemente posexílica. Aunque el versículo final, en el que el salmista habla de estar «en la cárcel», es decir, aprisionado, le puede haber dado la idea de la cueva al editor que le puso el título al salmo, éste, bajo un examen cuidadoso, se revela como un salmo genérico, prefabricado para servir las necesidades litúrgicas de muchas clases de individuos con problemas distintos. Aunque menciona oblicuamente a ciertos enemigos («me escondieron lazo», «los que me persiguen»), el salmo no les da la importancia a los adversarios que encontramos en otros de este tipo, ni menos ruega al Señor que los destruya. La intención del salmo es clara: rogarle a Dios que le ofrezca al salmista su protección y ayuda, y que lleve a cabo su liberación, sin preocuparse de cómo, o de las consecuencias para otros. Dicho eso, podemos ver el corazón de este salmo en el versículo 5, en palabras que cualquier creyente fiel que sufre puede hacer suyas y dirigir al Señor: «¡Tú eres mi esperanza y mi porción en tierra de los vivientes!».

Como otros salmos que reflejan las consecuencias sociales, sobre todo el aislamiento, que trae consigo el sufrimiento, el salmista ha dicho (versículo 4) que mientras está en su aflicción «no hay quién [me] quiera conocer. ¡No tengo refugio ni hay quien cuide de mi vida!». Pero, dice el salmo, si Dios le muestra su favor a quien le suplica, «me rodearán los justos, porque tú me serás propicio» (7).

Salmo 143

El salmo 143, con su título «salmo [*mizmor*] de David», se identifica en el versículo 1 como una «oración [*tefilah*]» o «súplica [*tajanun*]», mientras que, desde el punto de vista de la crítica de formas, es un buen ejemplo de la súplica individual. Una clave muy importante para la interpretación de este salmo es que el salmista se declara «siervo» del Señor desde el principio: «no entres en juicio con tu siervo» (2) hasta el mismo fin del salmo: «porque yo soy tu siervo» (12). Es decir, que en su aflicción, el salmista se atiene a una relación que identifica como servidumbre, tal vez, como vasallaje, que ha existido y existe entre él y el Señor. Lo que pide este salmo no es, como en otros salmos, que el Señor juzgue entre el suplicante y sus enemigos, ni que lo juzgue a él por sus méritos, «porque no se justificará delante de ti ningún ser humano» (2). En ese sentido, no busca justicia. La verdad y la justicia de Dios, por las que le pide a Dios que le responda, son cualidades de Dios, no del salmista. En una relación de señor con siervo, o de rey con vasallo, ambas partes tienen obligaciones de lealtad mutua que le ponen un cariz muy diferente a una situación como esta, y así el salmista nos dice lo que quiere: «hazme oír por la mañana tu misericordia [*jasdo*]» (8). El fallo que busca no es de justicia imparcial, sino un fallo basado en la lealtad mutua y la magnanimidad de su Señor. Con esto en mente, el versículo 5, en el que podemos imaginar un viejo guerrero, alejado por años del que fue su capitán y que en su necesidad extrema se acuerda de los días antiguos y extiende las manos, confiado en la lealtad del otro, ilumina el salmo.

El salmo tiene otras dos notas que merecen mencionarse. La primera es el sentido de urgencia que comunica: «respóndeme pronto, Jehová, porque desmaya mi espíritu... » (7). La segunda es que, aun así, su plegaria incluye la petición de que Dios, a esas alturas, le enseñe y le guíe: «enséñame a hacer tu voluntad, porque tú eres mi Dios, tu buen espíritu me guíe a tierra de rectitud» (10).

Al final, el poeta expresa confianza en que Dios le dará vida, lo sacará de angustia, disipará a sus enemigos y destruirá a los adversarios de su alma. ¿Y por qué? «Porque yo soy tu siervo» (12).

Salmo 144

Este es otro, el penúltimo —de los salmos— en la serie de los llamados «de David».

El Salmo 144 cae en dos partes, fácilmente discernibles por el cambio de singular a plural de la voz parlante, por una diferencia radical de estilo, y por un contenido completamente distinto: la primera parte contiene los versículos 1 a 11; la segunda, 12 a 15. A pesar de esta observación, en general, se considera el 144 como un solo salmo.

La primera parte del salmo se distingue porque contiene una colección de citas, aparentemente de memoria, de versículos y pasajes en otros salmos y obras poéticas. Se distinguen, sobre todo, el salmo 18, el 8 y ciertos capítulos del libro de Job (las notas al pie de la RVR incluyen más de una docena de citas en los primeros once versículos del salmo). La voz que se «oye» en esta primera parte del salmo es la de un rey guerrero de la dinastía de David, y el poeta quizás quiso usar esas citas para darles un aire de antigüedad a las palabras de este personaje. Hay un estribillo que aparece en el versículo 7b y que se repite con una leve variación en el 11, que contiene la petición central de esta parte: «Redímeme... de manos de los hombres extraños, cuya boca habla falsedad, y cuya diestra es diestra de mentira». Esto nos permite clasificar esta primera parte del salmo como una súplica individual y como un salmo real. Pero, dado lo que se ha dicho ya sobre la composición del salmo, es difícil precisar el uso que esa forma o género tuvo en su contexto original.

La segunda parte (12 a 15) es una bendición que termina con una doble bienaventuranza en el versículo 15. La voz es plural, al menos en la bendición, y las bienaventuranzas le dan un tono sapiencial al final del salmo. La bendición expresa el deseo de una vida ideal, según las normas de una sociedad agrícola y patriarcal, con hijos fuertes, hijas hermosas, cosechas abundantes, ganados prolíficos y fuertes bestias de labranza. Es una vida de paz y de abundancia. Las dos bienaventuranzas son, de hecho, una, es decir, «Bienaventurado el pueblo cuyo Dios es Jehová», pero el poeta pone primero, en la bendición, la consecuencia de la bienaventuranza y hace la conexión entre bienaventuranza y consecuencias con la «otra» bienaventuranza: «Bienaventurado el pueblo que tiene esto».

Salmo 145

El salmo 145 es el último salmo que lleva un encabezamiento que lo relaciona con David, en este caso, «Salmo de alabanza [*tehilah*] de David». Por supuesto que ese título representa ideas muy posteriores al tiempo de David, ya que el salmo parece provenir del período del imperio persa, es decir, del posexílico. El salmo es, como el título dice correctamente, un himno de alabanza al Señor y un acróstico alfabético con 21 versículos. Ya que el alfabeto hebreo tiene 22 letras, falta un versículo en el texto hebreo: el número 14, correspondiente a la letra nun (ene). La Septuaginta tiene, en su traducción del salmo, un versículo más, que sigue al 13 y que comienza con pistós, «fiel», que en hebreo sería *ne'eman*, lo que resolvería el problema, ya que parece que la traducción griega usó un texto hebreo que tenía la línea perdida en el nuestro. También es interesante ver que la última línea del salmo, correspondiente a la letra tau (te) empieza con la palabra *tehilah*: «la alabanza de Jehová proclamará mi boca», con lo que vemos que no solamente el editor que le añadió el título al salmo, sino también el poeta mismo, lo consideraron un himno de alabanza.

En vez de exhortar a la congregación a alabar, como lo hacen los himnos de alabanza más tradicionales, este salmo se dirige al Señor directamente y también en la tercera persona. Las razones de alabanza se mencionan en forma muy general y, a pesar de que el salmo se refiere a los «hechos maravillosos» del Señor, el salmo no menciona específicamente ni la creación ni el éxodo ni la conquista, ni menos entabla una polémica contra los dioses de las naciones, como lo hacen los himnos de la comunidad del exilio. El salmo menciona cualidades del Señor, por ejemplo, su clemencia y lealtad: «clemente y misericordioso es Jehová, lento para la ira y grande en misericordia» (8), o su providencia universal: «Los ojos de todos esperan en ti y tú les das su comida a tu tiempo. Abres tu mano y colmas de bendición a todo ser viviente» (15 y 16). Todo esto y más, sin presentar ejemplos ni aludir directamente a las tradiciones establecidas en la llamada «historia de la salvación». No menciona el salmo tampoco a Israel y, tal vez, sea porque el Señor al que alaba el salmo va tomando características de Dios universal, resultado inevitable del desarrollo del monoteísmo. Así, la palabra «todos» en el último versículo —que traduce la expresión hebrea *kol-basar*, «toda carne»— parece incluir al género humano entero: «¡Todos bendigan su santo nombre eternamente y para siempre!» (21).

Salmo 146

Los salmos 146 a 150, es decir, desde aquí hasta el fin del Salterio, han sido llamados el «*hallel* final», ya que la serie de salmos 113 a 118 se denomina el «gran *hallel*». Los 146 a 149 son himnos, el 150 es una doxología y todos tienen por característica el uso de la exclamación «¡Aleluya!», frase imperativa que significa ¡alabad a Jah! (esta última palabra una forma abreviada de *YHWH*, el nombre indecible del Señor).

Si leemos el primer ¡Aleluya! del 146 como parte del salmo, éste comienza con tres llamados a la alabanza: primero a la congregación, con el imperativo plural, segundo a su alma, con el imperativo singular femenino y, finalmente, a sí mismo, con el cohortativo singular, una especie de imperativo en la primera persona: «alabaré a Jehová». En contraste con este salvo de alabanzas, los versículos 3 y 4 implican a quién no se debe alabar con el abandono que requiere el verdadero *hallel*: ni a príncipes ni seres humanos, mortales e incapaces de salvar y, por lo tanto, no dignos de la confianza absoluta que solamente Dios merece.

Para alabar al Señor, en el cuerpo del salmo, el poeta usa una forma tradicional, la bienaventuranza, de una manera insólita. En el versículo 5, comienza con la bienaventuranza propiamente dicha, que pronuncia sobre el que tiene por ayuda al Dios de Jacob —y, en expresión paralela, como esperanza al Señor su Dios. Normalmente, si hay una expansión de la bienaventuranza en este punto, es para describir las bendiciones del «bienaventurado» —por ejemplo, en el salmo primero, el versículo 3: «será como árbol plantado junto a corrientes de aguas… » En el 146.6-9, por el contrario, lo que se introduce es una serie de participios, la forma verbal con la cual las bienaventuranzas describen la acción que merece ser felicitada, pero que, en este caso, describen las actividades del Señor. Y con ingenio y gracia, el poeta nos ha transformado lo que pudiera haber sido una lista de cualidades abstractas de Dios en una lista de beneficios inmediatos que atañen al bienaventurado que confía en él. Este es el Dios que hizo los cielos, la tierra y el mar, guardián de la verdad y de la justicia, que da de comer al hambriento, libera cautivos, hace ver a los ciegos y levanta los caídos, ama a los justos, guarda a los emigrantes, es el sostén de viudas y huérfanos y frustra las intenciones de los impíos. ¿Qué príncipe, ni qué ser humano, puede decir lo mismo, ni merecer, por lo tanto, confianza?

El salmo termina con una afirmación del reino eterno del Señor, y cierra con un ¡Aleluya!

Salmo 147

El 147 es un himno de alabanza congregacional, que en el versículo 2 deja ver su origen posexílico. Comienza y termina con aleluyas (RVR traduce el primer aleluya, «Alabad a Jah»), y cada una de las tres secciones en que se divide comienza con una exhortación a alabar: el ya visto versículo 1, el 7, «cantad a Jehová con alabanza», y el 12, «¡alaba a Jehová, Jerusalén, Sión. Alaba a tu Dios!».

El contenido del salmo, sobre todo en lo que a motivos de alabanza se refiere, es una miscelánea de temas, por lo más tradicionales. Dios está a cargo de la naturaleza, desde los fenómenos meteorológicos (la nieve, la escarcha y el hielo en especial, 16-18) hasta los animales a los que alimenta (9). Él es el que cuenta y nombra las estrellas —su ejército celestial— y, por lo tanto, ni la fuerza del caballo ni la agilidad del hombre (lo que puede ser una alusión a los ejércitos humanos) le impresionan (RVR «deleita… complace», (10). Entre las cualidades del Señor, el salmo cuenta su compasión sanadora (3), su poder, grandeza y entendimiento (5) y su predilección por los humildes sobre los impíos (6). Sobre todo, el salmo alaba al Señor por su bondad para Jerusalén, a la que él «edifica» y cuyos desterrados recoge (2). En los versículos 12-14, el salmo exhorta a Jerusalén a alabar al Señor, que le ha dado seguridad, bendición, paz y abundancia. El sentimiento que implica el salmo es que estas bendiciones son para Jerusalén y para su pueblo, sin mencionar a otras naciones. Al final del salmo (19,20) que es donde únicamente menciona a los «otros», lo hace para indicar que el Señor no les ha dado sus palabras, estatutos y juicios (la Torá), que solamente ha manifestado a Jacob/Israel.

Salmo 148

El salmo comienza en los cielos, donde ángeles, ejércitos celestiales, sol, luna, estrellas y las mismas aguas que están sobre los cielos, alaban al

Señor, «porque él mandó, y fueron creados» (5) y «les puso ley que no será quebrantada». En la tierra, los monstruos marinos y los abismos del mar, fenómenos del tiempo, montes y lomas, plantas y animales, se añaden a la lista, que, frecuentemente, usa expresiones polares, como, por ejemplo, «el árbol de fruto y todos los cedros» (9) para indicar una categoría entera —en este caso, todos los árboles. Cuando, en el versículo 11, el salmo llega al género humano, empieza jerárquicamente, con reyes, pueblos, príncipes y jueces, y entonces menciona a jóvenes, doncellas, ancianos y niños. Es interesante que no menciona ni a sacerdotes ni a levitas, y debemos asumir que los funcionarios religiosos, así como todos los seres humanos (no incluye el nombre de ninguna nación en particular, pero véase el 14) están incluidos. Alonso Schökel, con varios otros, sugiere que el 14b, que debe traducirse «Alabanza de todos sus santos, de los hijos de Israel, el pueblo cercano a él!», es un colofón o título añadido al final y, por lo tanto, no es parte del texto original (*Salmos II*, 1656).

Salmo 149

El salmo 149, por lo menos en sus primeros cinco versículos, es un himno bastante convencional. Comienza con la invitación a cantar un «cántico nuevo» al Señor, que no solamente será un canto de alegría (2). Será, también, una fiesta con danzas y la música del pandero y de la cítara, alabando al Señor, el «Rey» de Sión. La razón de alabanza es que «Jehová tiene contentamiento [está contento] con su pueblo; hermoseará [glorificará] a los humildes con la salvación» (4). Según el versículo 1, esta alabanza tendrá lugar en «la congregación de los santos (*jasidim*)» un grupo que, si vamos a guiarnos por el nombre, se distinguió por su fidelidad y por su piedad religiosa.

Si nos dejamos guiar por la segunda parte del salmo (versículos 6 a 9), este grupo debe de haber sido, también, un grupo militar o militante, gente que cantaba las alabanzas de Dios mientras empuñaba espadas de dos filos, con el propósito de «ejecutar venganza entre las naciones, castigo entre los pueblos» (7). Es decir, que el salmo termina con una especie de encomio o, por lo menos, mención favorable, de lo que puede haber sido una secta de combatientes del tiempo de los Macabeos. Si el salmo no es irónico —y no parece tener el menor indicio de ironía— proclama la aprobación divina para un grupo que ejercía la violencia en el nombre de Dios, como retribución justa de la violencia hecha al pueblo de Dios. «Gloria [dice el salmo al concluir] será esto para todos sus santos». Con nuestra larga historia de violencia en el nombre de Dios —cruzadas, órdenes militares, guerras de religión, etc.— tenemos cómo distanciarnos un poco de esa conclusión.

Salmo 150

Cada uno de los cinco libros del Salterio termina con una doxología, y este salmo es la doxología final a la vez del quinto libro y del Salterio. Es un salmo de fiesta, alegre y bullicioso, en el que la alabanza, como fuegos de artificio, estalla del santuario al firmamento entero, en el que alabarle proeza por proeza se hace imposible y la alabanza tiene que darse al por mayor, «conforme a la muchedumbre de su grandeza». Lo mejor del salmo, como colofón de este libro de músicos y cantores de la gloria de Dios, es el final a toda orquesta con el que concluye. Sin palabras quizás (pues el canto no se menciona en la lista) pero sí con la música de todas clases de instrumentos —de viento, de cuerdas, de percusión— y con el movimiento rítmico de la danza, el salmo comunica su invitación universal: ¡Alabadle! Sin distinciones algunas de clase o rango, de casta o de nación, de raza o género o edad o idioma… «¡Todo lo que respira alabe a *Jah*!».

¡Aleluya!

Bibliografía

Libros en Español

Alonso Schökel, Luis, *Estudios de poética hebrea* (Barcelona: Juan Flors, 1962).

Alonso Schökel, Luis, *Manual de poética hebrea* (Madrid: Ediciones Cristiandad, 1987).

Alonso Schökel, Luis, *Salmos y cánticos* (Estella, Navarra: Editorial Verbo Divino, 1998, 2005). *[La Biblia del peregrino]*.

Alonso Schökel, Luis, *Treinta salmos: poesía y oración* (Madrid: Ediciones Cristiandad, 1986).

Alonso Schökel, Luis, y Cecilia Carniti, *Salmos I (Salmos 1–72): Traducción, introducciones y comentario* (Estella, Navarra: Editorial Verbo Divino, 2002).

Alonso Schökel, Luis, y Cecilia Carniti, *Salmos II (Salmos 73–150): Traducción, introducciones y comentario* (Estella, Navarra: Editorial Verbo Divino, 2004).

Alonso Schökel, Luis, Víctor Morla y Vicente Collado, *Diccionario bíblico hebreo-español* (Madrid: Editorial Trotta, 1994). En nuestro texto se le señala con la abreviatura *DBHE*.

Del Olmo Lete, Gregorio, *Mitos y leyendas de Canaán: según la tradición de Ugarit* (Madrid: Ediciones Cristiandad, 1981).

González, Ángel, *El libro de los Salmos: Introducción, versión y comentario* (Barcelona: Editorial Herder, 1977).

Pagán, Samuel, *De lo profundo, Señor, a ti clamo: Introducción y comentario al libro de los Salmos* (Miami: Editorial Patmos, 2007).

Trebolle Barrera, Julio, *Libro de los Salmos: religión, poder y saber* (Madrid: Editorial Trotta, 2001).

Trebolle Barrera, Julio y Susana Pottecher Gamir, *Libro de los Salmos: Himnos y lamentaciones* (Madrid: Editorial Trotta, 2001).

Libros en Inglés

Gunkel, Hermann, *Introducción to Psalms: The Genres of the Religious Lyric of Israel*, James D. Nogalsky, trad. (Macon, GA: Mercer University Press. 1998).

Gerstenberger, Erhard S., *Psalms, Part 1: with an Introduction to Cultic Poetry* (Grand Rapids, MI: Eerdmans Publishing Company, 1988). [FOTL XIV].

Gerstenberger, Erhard S., *Psalms, Part 2, and Lamentations* (Grand Rapids, MI: Eerdmans Publishing Company, 2001). [FOTL XV].

Koehler, Ludwig y Walter Baumgartner, *The Hebrew and Aramaic Lexicon of the Old Testament*, M.E.J. Richardson, trad. y ed. (Leiden: Brill, © 1994, 1995, 1996, 1999, 2000). En nuestro texto se le señala con la abreviatura *HALOT*.

Kraus, Hans Joachim, *Psalms 1–59* (Minneapolis: Augsburg Fortress Publishers, 2000).

Kraus, Hans Joachim, *Psalms 60–150* (Minneapolis: Augsburg Fortress Publishers, 2000).